GRAMÁTICA
(NUEVA EDICIÓN)

JESÚS FERNÁNDEZ
Universidad de Madrid

RAFAEL FENTE
Universidad de Granada

JOSÉ SILES
Universidad de Madrid

Curso intensivo de español

(NUEVA EDICIÓN)

GRAMÁTICA

SOCIEDAD GENERAL ESPAÑOLA DE LIBRERÍA, S. A.

Primera edición, 1990 (corregida y aumentada)
Segunda edición, 1992 (revisada)

Produce: SGEL-Educación
        Marqués de Valdeiglesias, 5. 28004 MADRID

© J. Fernández, J. Siles, R. Fente, 1990
© Sociedad General Española de Librería, S. A., 1990
    Avda. Valdelaparra, 29. 28100 ALCOBENDAS (Madrid)

ISBN: 84-7143-419-9
Depósito Legal: M. 6.243-1992
Impreso en España - Printed in Spain

Cubierta: Erika Hernández
Maqueta: C. Campos

Compone e imprime: NUEVA IMPRENTA, S. A.
Encuaderna: F. MÉNDEZ

PRÓLOGO

Presentamos aquí una **GRAMÁTICA** de uso de español para extranjeros que corresponde a los tres niveles de nuestro **Curso intensivo de español.** Su concepción y contenido están enfocados para el aprendizaje del español como segunda lengua y en esto se diferencia manifiesta y deliberadamente de las gramáticas existentes en nuestro país, dirigidas al estudiante nativo español. Una gran parte de las normas y observaciones que damos en esta obra no son de utilidad para el hablante nativo, pero, sin embargo, el profesor como segunda lengua, nativo o no nativo, podrá hallar aquí, juntamente con el alumno, una fuente de información teórico-práctica, una herramienta eficaz para el aprendizaje del español contemporáneo.

Se han integrado en este libro no sólo las normas prácticas procedentes de muchos años de experiencia en el aula con alumnos extranjeros, sino también, y básicamente, los conceptos teóricos de la lingüística aplicada desarrollados tanto por lingüistas españoles como extranjeros.

Las características más destacables de esta **GRAMÁTICA** son las siguientes:

a) Se ajusta a la modalidad de español más comúnmente aceptada.

b) Se hace hincapié en las dificultades más frecuentes del español para extranjeros.

c) Se ha utilizado la terminología gramatical más neutra y extendida, evitando las controversias conceptuales.

d) Para practicar los conceptos gramaticales, el alumno dispone, al final de cada unidad, de una serie de referencias correspondientes al **Curso intensivo**

1

*de español (ejercicios prácticos, niveles: iniciación y **elemental**, elemental e intermedio e intermedio y **superior**).*

e) *Esta GRAMÁTICA, no obstante, puede utilizarse con cualquier enfoque didáctico de cursos de español para extranjeros.*

En cuanto a la concepción metodológica de la obra, hay que hacer notar que la materia se presenta partiendo del sistema verbal, como eje sobre el cual gira el resto de las partes de la oración, y en términos generales nos hemos esforzado por ofrecer una visión coherente, sintética y sistemática de todos y cada uno de los problemas tratados en los tres libros de ejercicios prácticos.

En cuanto a la distribución del trabajo, la dirección y supervisión ha corrido a cargo de Jesús Fernández Álvarez, quien también es autor de la sintaxis del grupo verbal y los capítulos dedicados al artículo, adverbio, preposición y conjunción. Rafael Fente Gómez y José Siles Artés son autores de la morfología del grupo verbal y de los capítulos sobre el sustantivo, adjetivo, pronombre y exclamación.

LOS AUTORES

Majadahonda (Madrid), verano de 1990.

Nota a la 2ª edición

A pesar de que el tiempo transcurrido desde su publicación en el año 1990 no exigiría mayores modificaciones, el libro tenía en su primera edición —por esas cosas que pasan— bastantes erratas que era imperativo corregir.

*Además de una completa corrección y revisión, le hemos añadido en esta ocasión un **índice alfabético de conceptos** que mejora y complementa su manejo y funcionamiento desde un punto de vista metodológico.*

Una vez más, gracias a tantos colegas y alumnos que desde hace muchos años nos han hecho merecedores de su confianza.

JESÚS FERNÁNDEZ ÁLVAREZ

Signos empleados	
□ Morfología	≠ Contraste
O Sintaxis	= Igual a
/ Alternancia	~ Respuesta

2

CONTENIDO

3

TÉRMINOS DE RELACIÓN Y ENLACE

APÉNDICES

grupo verbal

I | *Ser y estar*

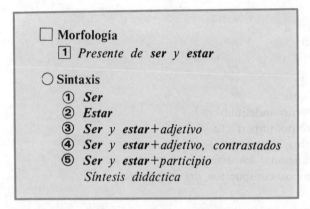

☐ **Morfología**
    ① *Presente de* **ser** *y* **estar**

◯ **Sintaxis**
    ① *Ser*
    ② *Estar*
    ③ *Ser y estar+adjetivo*
    ④ *Ser y estar+adjetivo, contrastados*
    ⑤ *Ser y estar+participio*
    Síntesis didáctica

En español, a diferencia de otras lenguas con uno sólo, hay dos verbos copulativos: **ser** y **estar.** En la práctica esto crea muchas dificultades al alumno extranjero. Dificultades que disminuyen si tenemos en cuenta aspectos psicológicos y semánticos además de los estrictamente gramaticales.

① Presente de indicativo

	Ser	Estar
singular	soy eres es	estoy estás está
plural	somos sois son	estamos estáis están

10

| ¿Quién **es** usted? ~ **Soy** Jaime.

¿Qué **es** tu hermana?

¿De dónde **son** esas chicas?
~ **Son** italianas. | ¿De qué **es** la copa? ~ **Es** de plástico.

¿De quién **es** el bolígrafo? ~ **Es** de Raquel.

¿Qué hora **es**? ~ **Son** las cuatro.

Es importante saber lenguas.

¿Dónde **es** la fiesta? ~ **Es** en casa de Carlos. |

① *Ser*

En español se usa **ser**:

a) Para expresar la *identidad* o para *identificar* algo o a alguien:

> ¿Quién *es* usted? ~ *Soy* Jaime. (identidad)
> ¿Qué *es* eso? ~ *Es* una camisa. (identificación)
> ¿Cuál *es* Juan? ~ *Juan es aquél/Aquél es Juan.* (identificación)

b) Para expresar *profesión, oficio, actividad* y *parentesco:*

> ¿Qué *es* tu hermana? ~ *Es enfermera.* (profesión)
> ¿Qué *es* él? ~ *Es electricista.* (oficio)
> ¿Qué *es* su padre? ~ *Es ministro.* (actividad)
> ¿Quiénes *son* esos señores? ~ *Son mis padres.* (parentesco)

c) *Nacionalidad, región, religión, idea política, estilo artístico,* etc.:

> ¿Qué *son* esas chicas? ~ *Son italianas.* (nacionalidad)
> ¿De dónde *es* usted? ~ *Soy asturiano.* (región)
> ¿De qué partido *sois*? ~ *Somos socialistas.* (ideas políticas)
> ¿Cuál *es* tu religión? ~ *Soy católico.* (religión)
> ¿Qué clase de cuadro *es*? ~ *Es impresionista.* (estilo)

d) *Materia y origen* (**ser de**):

> ¿De qué *es* la copa? ~ *Es de plástico.* (materia)
> ¿De dónde *son* ustedes? ~ *Somos de Madrid.* (origen)

---

[1] Para la conjugación del resto de los tiempos, véase apéndice sobre la **Conjugación**.

e) *Posesión:*

> ¿De quién **es** el bolígrafo? ~ **Es** de Raquel.
> ¿De quién **es** este abrigo? ~ **Es** mío.
> ¿De quiénes **son** esos coches? ~ **Son** de los vecinos.

f) *Tiempo, cantidad, precio, número y orden o jerarquía:*

> ¿Qué hora **es?** ~ **Son** las cuatro. (tiempo)
> ¿Qué día **es** hoy? ~ Hoy **es** martes. (tiempo)
> ¿Cuántos **son?** ~ **Son** muchos/pocos, etc. (cantidad)
> ¿Cuántos **son** dos y dos? ~ Dos y dos **son** cuatro. (número)
> ¿Cuánto **es?** ~ **Son** mil pesetas. (precio, número)
> ¿Cuál **es** su posición en la clase? ~ **Es** el segundo. (orden o jerarquía)

g) *Impersonalidad* (normalmente **ser** en 3.ª pers. sing.+adjetivo):

> **Es importante** saber lenguas.
> **Es necesario** ir allí.
> **Es bueno** no fumar.

h) *Acción* (con el sentido de *tener lugar* u *ocurrir):*

> ¿Dónde **es** la fiesta? ~ **Es** en casa de Carlos.
> ¿Cuándo **es** eso? ~ **Es** en mayo.
> La cena **es** en El Escorial.

②

¿Dónde **estás?** ~ **Estoy** aquí.	**Estamos** a 30 de enero. Enrique **está** de mecánico. ¿Cómo **está** tu novio? ~ **Está** bien. **Está** jugando con su amigo.

② Estar

En español se usa **estar:**

a) Para expresar *situación física* o *temporal* [1]:

> ¿Dónde **estás?** ~ **Estoy** aquí. (situación física)
> ¿Dónde **estamos?** ~ **Estamos** detrás del cine. (situación física)

---

[1] Cuando la situación es temporal suele usarse el verbo en primera persona del plural.

¿Dónde están? ~ *Están en el tren.* (situación física)
Ahora estamos en verano. (situación temporal)
Estamos a finales del siglo XX. (situación temporal)
Estamos a 30 de enero. (situación temporal)

b) Para expresar *lo provisional* y *no definitivo* (normalmente **estar de** +sustantivo):

Enrique está de mecánico en un garaje.
Estamos de paso en Roma.
Eso no está de moda.

c) Con **bien, mal** y **regular** expresa *estado físico* o *mental:*

¿Cómo está tu novio? ~ *Está bien.*
¿Cómo está la fiesta? ~ *Está regular/mal,* etc.

d) Con los gerundios (formas en *-ando/-iendo*) sirve para construir la conjugación *continua* o *progresiva*[1]:

¿Qué hace la niña? ~ *Está jugando con su amigo.*
Tiene buen humor; está riendo todo el día.

③ *Ser* y *estar*+adjetivo de cualidad

a) **Ser**+adjetivo expresa cualidad *objetiva* o condición *normal* o genérica de alguien o algo. La cualidad expresada por **ser** es generalmente de naturaleza *estable* y no sometida a cambio:

*Juan **es** inteligente.*   *María **es** encantadora.*
*Los perros **son** fieles.*   *La mesa **es** redonda.*
*Las casas **son** útiles.*   *El cielo **es** azul.*

b) **Estar**+adjetivo expresa cualidad *subjetiva* (impresión personal), *estado* físico, psíquico o emocional. La cualidad expresada por **estar** es en esencia *transitoria,* resultado de algo:

*El agua **está** fría.* (impresión personal)
*Las casas **están** sucias.* (estado, aspecto físico)
*Los perros **están** intranquilos.* (estado emocional, resultado de algo)
*La niña **está** descalza.* (estado físico)
*El ladrón **está** asustado.* (estado emocional, resultado de algo)

---

[1] Véase el capítulo del **Gerundio**, págs. 63 y sigs.

④ *Ser* y *estar*+adjetivo, contrastados

a) Dada la naturaleza de **ser** y **estar,** muchos adjetivos admiten ambos
verbos, siendo el *contexto* o la *perspectiva* con que se enfoque la situación lo que decide el empleo de uno u otro verbo.
En términos generales se puede afirmar que los adjetivos de carácter y
personalidad [1] *(bueno, malo, egoísta, generoso,* etc.), los de valoración
intelectual *(inteligente, útil, importante, corriente, normal,* etc.) y los de
colores, que normalmente indican cualidades genéricas u objetivas de
alguien o algo, se emplean con **ser:**

*Ana **es** inteligente.* (v. intelectual)
*La sintaxis **es** difícil.* (v. intelectual)
*Las hojas **son** verdes.* (color)
*Tu hermano **es** simpático.* (carácter)

b) Por razones idénticas, los adjetivos y participios de estados físicos, psíquicos o emocionales tales como: *descalzo, desnudo, asustado, encanta-
do, satisfecho, emocionado,* etc., que expresan normalmente el resultado
de algo, se emplean con **estar:**

*La niña **está** descalza.* (estado físico)
*El perro **está** asustado.* (estado emocional)
*Juana **está** satisfecha.* (estado psíquico)

c) El problema se complica cuando un adjetivo, dependiendo de la perspectiva con que se contempla, pueda expresar cualidad genérica (objetiva) o simplemente estado, impresión o aspecto (subjetividad). En estos casos la elección de uno u otro verbo dependerá del contexto:

*Enrique **es** frío.* (temperamen-   ≠ *Enrique **está** frío.* (impresión per-
to, carácter)   sonal, estado)
*Las naranjas **son** caras.* (cuali-   ≠ *Las naranjas **están** caras.* (expe-
dad genérica)   riencia, impresión personal)

---

[1] Si anteponemos los artículos **un, una, unos, unas** a ciertos adjetivos de carácter o personalidad,
estos adjetivos adquieren matices peyorativos. Véase pág. 138, apartados *c)* y *d):*
(cualidad objetiva) (cualidad individualizada)
*Rocío **es** lista.* ≠ *Rocío **es** una lista.* (aprovechada)
*Paco **es** bueno.* ≠ *Paco **es** un bueno.* (tonto)

14

La paella es rica. (cualidad genérica)	$\neq$ *Esta paella está rica.* (impresión personal, experiencia)
Felipe es sucio. (cualidad genérica)	$\neq$ *Felipe está sucio.* (impresión personal, aspecto)
Marta es fuerte. (cualidad genérica)	$\neq$ *Marta está fuerte.* (impresión personal, aspecto)

d) Por último, los llamados adjetivos que cambian de significado según vayan con **ser** o con **estar** son, en su mayor parte, el resultado de esta doble perspectiva y no se trata en realidad de excepciones:

Carlos es malo. (carácter)	$\neq$ *Carlos está malo.* (estado físico, enfermo)
Pepita es atenta. (carácter)	$\neq$ *Pepita está atenta.* (estado: presta atención)
Ella es pesada. (carácter)	$\neq$ *Está pesada.* (estado físico)
Somos despistados. (carácter)	$\neq$ *Estamos despistados.* (estado, situación)
Carmen es alegre. (carácter)	$\neq$ *Carmen está alegre.* (estado emocional o físico: borracha)
Ellas son listas. (carácter)	$\neq$ *Están listas.* (preparadas, estado)
Tú eres callado. (carácter)	$\neq$ *Tú estás callado.* (estado físico)
Luisa es agradecida. (carácter)	$\neq$ *Luisa está agradecida.* (estado emocional)

⑤ *Ser* y *estar*+participio

a) Ser+participio se emplea para formar la voz pasiva con **ser**[1]:

*El complot **fue descubierto** por la policía.*
*Los documentos **serán entregados** el domingo.*
*El barco **fue hundido** a las siete.*

b) **Estar**+participio expresa el estado resultante de una acción anterior:

Pintaron la casa.	$\neq$ *La casa **está pintada**.*
Había descubierto una medicina.	$\neq$ *La medicina **estaba descubierta**.*
Estropearon el coche.	$\neq$ *El coche **está estropeado**.*
Curaron a Juan.	$\neq$ *Juan **está curado**.*

---

[1] Véase pág. 99.

15

SÍNTESIS DIDÁCTICA

Los usos de *ser* y *estar*+adjetivo de cualidad son los más difíciles de captar por el alumno extranjero porque dependen, en gran medida, del contexto y punto de vista del hablante. Este problema se simplifica si consideramos que los adjetivos de carácter, temperamento, valoración intelectual y colores se usan *normalmente* con el verbo *ser,* y los de estado físico, psíquico y emocional, con el verbo *estar.*

═══ EJERCICIOS ═══

CURSO INTENSIVO DE ESPAÑOL

Niveles de iniciación y elemental:

Morfosintaxis:

Verbo ser: 1, 2, 3, 6, 7, 8, 12, 13, 14, 18, 19, 160, 161, 162, 166, 195, 224, 225, 226, 227, 230, 231, 232, 233, 236, 237, 238, 239, 240, 243, 244, 245, 246, 249, 250, 251.
Verbo estar: 24, 25, 26, 31, 32, 33, 34, 37, 38, 167, 168, 255, 256, 257, 258, 259, 328, 329.

Sintaxis:

Contraste **ser** ≠ **estar:** 262, 263, 264, 269, 270.
Contraste **ser** ≠ **llegar:** 271, 408.

Niveles elemental e intermedio:

Morfosintaxis:
Verbo ser: 1, 2, 6, 7, 12, 13, 14, 15, 16, 236, 345.
Verbo estar: 3, 13, 14, 15, 16, 236.

Sintaxis:
Contraste **ser** ≠ **estar:** 8, 9, 14, 20, 213, 214, 215, 220, 221, 222, 226, 227, 229.
Contraste **estar** ≠ **haber:** 21.

Niveles intermedio y superior:

Ser ≠ **estar:**
Recopilación: 1, 211.
Miscelánea: 2, 3, 7, 210.
Expresiones: 8.
Agregación atributiva: 4.
Fórmulas comparativas: 214.
Adjetivos que cambian de significado: 6, 209.
Voces pasiva y estativa: 213.
Contraste: **ser, estar, haber:** 215.

16

II

Indicativo

1 El español, como la mayor parte de las lenguas, organiza la realidad en torno a tres ejes temporales:

a) Eje del presente.
b) Eje del pasado.
c) Eje del futuro.

Su representación gráfica sería ésta:

| **(Ayer)** | **(Hoy)** | **(Mañana)** |
| **Pasado** | **Presente** | **Futuro** |

El eje central es el del presente. Es el que explica la existencia de los otros dos y el que que les sirve de referencia.

Los tiempos verbales se dividen en:

— simples o imperfectos;
— compuestos o perfectos.

17

☐2 Los tiempos simples tienen una sola forma, y sus nombres, en el modo indicativo, son los siguientes

> **Presente:** canto
> **Pretérito indefinido:** canté
> **Pretérito imperfecto:** cantaba
> **Futuro imperfecto:** cantaré
> **Condicional imperfecto:** cantaría

La representación gráfica de las acciones que indican estos tiempos sería ésta[1]:

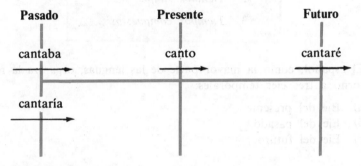

El pretérito indefinido no se incluye en el gráfico por ser un caso especial dentro de la conjugación española (véase gráfico de la página 30).

☐3 Los tiempos compuestos se forman con el auxiliar *haber + participio pasado* y los conocemos tradicionalmente con los nombres de:

> **Pretérito perfecto:** he cantado
> **Pretérito pluscuamperfecto:** había cantado
> **Futuro perfecto:** habré cantado
> **Condicional perfecto:** habría cantado

---

[1] El uso que el condicional imperfecto refleja en el gráfico es el de probabilidad en el pasado. Véanse págs. 47 y sigs.

El gráfico correspondiente sería éste[1]:

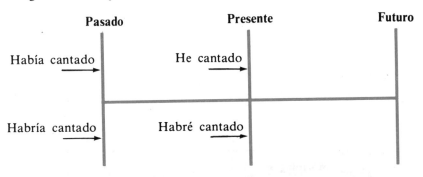

Pasado	Presente	Futuro
Había cantado →	He cantado →	
Habría cantado →	Habré cantado →	

> Obsérvese que existe un claro paralelismo entre los tiempos simples y compuestos, con la excepción del pretérito indefinido, que es un caso especial dentro de la conjugación española (véanse páginas 30 y 31). Los primeros, en general, expresan acciones simultáneas coincidentes o posteriores a sus respectivos ejes. Los segundos expresan acciones anteriores a los ejes que les sirven de referencia.

Los gráficos representados en esta introducción al sistema verbal no reflejan todos y cada uno de los usos de los tiempos del indicativo. Sólo hemos buscado que el alumno se acostumbre a visualizarlos de manera coherente y a establecer analogías y paralelismos entre ellos. Los usos más complejos y conflictivos (caso del pretérito indefinido y condicionales y futuros en la oración compuesta) se tratan individualmente en los capítulos correspondientes.

---

[1] Los usos que el condicional y el futuro perfectos reflejan en el gráfico son los llamados de probabilidad. Véanse págs. 52 y sigs.

II.1

Presente

---

1 Verbos regulares

	-ar (hablar)	**-er** (comer)	**-ir** (escribir)
singular	habl-**o** habl-**as** habl-**a**	com-**o** com-**es** com-**e**	escrib-**o** escrib-**es** escrib-**e**
plural	habl-**amos** habl-**áis** habl-**an**	com-**emos** com-**éis** com-**en**	escrib-**imos** escrib-**ís** escrib-**en**

Obsérvese que tanto los verbos en *-ar* como los en *-er* mantienen en sus terminaciones la vocal de los respectivos infinitivos, salvo en la 1.ª pers. sing.

2 Verbos irregulares

Todas las irregularidades que se dan en la conjugación española afectan a la *raíz* de los verbos. A efectos prácticos, existen tres tipos de irregularidades:

20

a) Irregularidad común (afecta por igual a grupos de verbos).

b) Cambios ortográficos (las irregularidades se limitan a la ortografía, no a la pronunciación).

c) Irregularidad propia (afecta sólo a verbos específicos).

a) *Irregularidad común*

1. e → ie

Verbos en -**ar**: *cerrar*

cierro — cierras — cierra
cerramos — cerráis — cierran

Verbos en -**er**: *entender*

entiendo — entiendes — entiende
entendemos — entendéis — entienden

Verbos en -**ir**: *mentir*

miento — mientes — miente
mentimos — mentís — mienten

Obsérvese que las primeras y segundas personas del plural no son afectadas por esta alteración.

Algunos verbos corrientes de este grupo son:

-**ar**: *empezar, pensar, calentar, gobernar.*
-**er**: *perder, querer, defender.*
-**ir**: *preferir, herir.*

2. o → ue

Verbos en -**ar**: *volar*

vuelo — vuelas — vuela
volamos — voláis — vuelan

Verbos en -er: *volver*

> vuelvo — vuelves — vuelve
> volvemos — volvéis — vuelven

Verbos en -ir: *dormir*

> duermo — duermes — duerme
> dormimos — dormís — duermen

Tampoco aquí son afectadas por esta alteración las primeras y segundas personas del plural.

Verbos corrientes de este grupo son:

-ar: *contar, encontrar, probar, recordar.*
-er: *soler, devolver, morder.*
-ir: *morir.*

El verbo *jugar* cambia $u \rightarrow ue$, excepto en la 1.ª y 2.ª pers. del plural (*juego — juegas — juega — jugamos — jugáis — juegan*).

3. $e \rightarrow i$

➤ Sólo afecta a los verbos en -ir: *pedir.*

> pido — pides — pide
> pedimos — pedís — piden

Algunos otros verbos corrientes afectados por esta alteración son: *servir, seguir, reír, repetir.*

b) *Cambios ortográficos*

1. Cambios que sólo afectan a la 1.ª pers. sing.:

$g \rightarrow j$ (*corregir: corrijo — corriges — corrige*, etc.).

Otros verbos corrientes son: *escoger, proteger, recoger.*

$c \rightarrow z$ (*vencer: venzo — vences — vence*, etc.).

Otros verbos son: *convencer, ejercer, cocer, torcer.*

c → zc (*conocer: conozco — conoces,* etc.).

Otros verbos son: *parecer, ofrecer, obedecer, conducir, traducir.*

2. Cambios que afectan a todas las personas, excepto la 1.ª y 2.ª del plural:

i → y (*huir: huyo — huyes — huye — huimos — huís — huyen*).

Afecta a todos los verbos que terminan en **-uir,** como: *construir, destruir, contribuir,* etc.

Un caso especial de cambio *o* → *ue* y cambio ortográfico es el del verbo *oler* (h**ue**lo — h**ue**les — h**ue**le — olemos — oléis — h**ue**len).

---

c) *Irregularidad propia*

Cambios que afectan sólo a la 1.ª pers. sing.:

poner: *pongo,* pones, etc.
salir: *salgo,* sales, etc.
saber: *sé,* sabes, etc.
hacer: *hago,* haces, etc.
caer: *caigo,* caes, etc.
dar: *doy,* das, etc.
caber: *quepo,* cabes, etc.

Cambios que afectan de distinta manera a todas las personas excepto la 1.ª y 2.ª del plural:

tener: *tengo — tienes — tiene —* tenemos — tenéis — *tienen.*
venir: *vengo — vienes — viene —* venimos — venís — *vienen.*
oír: *oigo — oyes — oye —* oímos — oís — *oyen.*
decir: *digo — dices — dice —* decimos — decís — *dicen.*

Cambios que afectan a todas las personas:

ir: *voy — vas — va — vamos — vais — van.*
haber: *he — has — ha — hemos — habéis — han.*

Nota.—El verbo *haber* tiene la forma *hay,* impersonal, en 3.ª persona, singular y plural.

---

① **Consideraciones generales y usos básicos** [1]

El presente de indicativo [2] expresa una acción que tiene lugar en el eje del presente, pero que puede estar abierta u orientada tanto al pasado como al futuro.

Expresado gráficamente resulta así:

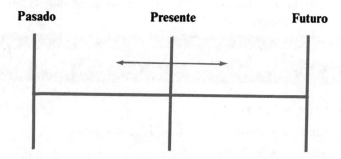

Pasado   **Presente**   **Futuro**

1. **Bebo** *vino en las comidas.*
2. *En este momento* **escucho** *la radio.*
3. *Mañana te lo* **digo.**

Obsérvese que, en el ejemplo 1, *bebo* expresa una acción orientada hacia el pasado y hacia el futuro. Cubre una porción de tiempo pasado, presente y también futuro. Es una acción que se repite *habitualmente* [3]. Es anterior, coincidente y posterior al eje del presente.

En el ejemplo 2, *escucho* sólo expresa una acción coincidente con el eje del presente.

En el ejemplo 3, *digo* expresa una acción claramente posterior al eje del presente; es decir, *futura.*

---

[1] Los contrastes del presente de indicativo con otros tiempos se estudian en las págs. 36, 37 y 43.

[2] El presente de indicativo es el tiempo de mayor frecuencia de uso en el español hablado.

[3] En estos casos el presente normal se puede sustituir sin cambio de significación por el presente del verbo defectivo *soler*, especializado en la expresión de la habitualidad. Véase pág. 35.

CURSO INTENSIVO DE ESPAÑOL

Niveles de iniciación y elemental:

Morfología:
Verbos regulares: 48, 49, 50, 51, 55, 56.
Verbos de irregularidad común: 62, 63, 64, 68, 69, 275, 276, 291.
Verbos de cambio ortográfico: 70, 75, 76, 283, 284, 285, 298.
Verbos de debilitación vocálica: 277.
Verbo **jugar**: 77.
Verbos de irregularidad propia: 83, 84, 85, 92, 299, 300.

Sintaxis:
Contraste presente $\neq$ imperfecto: 393, 394, 395.

Niveles elemental e intermedio:

Morfología:
Verbos regulares: 26, 27, 28, 32, 33, 34, 35, 47.
Verbos de irregularidad común: 39, 40, 41, 45.
Verbos de cambio ortográfico: 39, 41, 45, 46.
Verbos de debilitación vocálica: 39, 45, 46.
Verbos de irregularidad propia: 47, 52.

Sintaxis: 258, 259.
Contraste presente simple $\neq$ presente continuo: 260.
Contraste presente $\neq$ imperfecto: 261.

Niveles intermedio y superior:

Morfología:
Verbos de irregularidad común, propia y cambio ortográfico: 20.

Sintaxis:
Usos del presente: 21.
Construcciones de tiempo: 22.
Presente $\neq$ pret. imperfecto y pret. indefinido: 31, 225.
Futuro imperfecto $\neq$ presente: 38.

II.2

Pretérito indefinido

☐ **Morfología**

  1. *Verbos regulares*
  2. *Verbos irregulares*

○ **Sintaxis**

  ① *Consideraciones generales*
  ② *Usos básicos*

1 Verbos regulares

	-ar (hablar)	-er (comer)	ir (escribir)
singular	habl-**é** habl-**aste** habl-**ó**	com-**í** com-**iste** com-**ió**	escrib-**í** escrib-**iste** escrib-**ió**
plural	habl-**amos** habl-**asteis** habl-**aron**	com-**imos** com-**isteis** com-**ieron**	escrib-**imos** escrib-**isteis** escrib-**ieron**

2 Verbos irregulares

a) Irregularidad común.
b) Cambio ortográfico.
c) Irregularidad propia.

a) *Irregularidad común*

e → i

Afecta sólo a verbos en **-ir** en sus terceras personas sing./pl.

> ped-í — ped-iste — pid-ió
> ped-imos — ped-isteis — pid-ieron

Algunos verbos de este grupo son: *preferir, medir, seguir, servir.*

o → u

Afecta sólo a los verbos **morir** y **dormir** en sus terceras personas sing./pl.

> mor-í — mor-iste — mur-ió
> mor-imos — mor-isteis — mur-ieron

b) *Cambio ortográfico*

i → y

Afecta a verbos en **-er** y en **-ir** en sus terceras personas sing./pl.

> o-í — o-íste — oy-ó
> o-ímos — o-ísteis — oy-eron

Otros verbos de este grupo son: *creer, leer, construir, caer, sustituir.*

c → qu

Sólo afecta a verbos en **-ar** en su primera persona singular.

> saqu-é — sac-aste — sac-ó
> sac-amos — sac-asteis — sac-aron

Otros verbos de este grupo son: *buscar, explicar, practicar, tocar.*

g → gu

Sólo afecta a verbos en **-ar** en su primera persona singular.

> jugu-é — jug-aste — jug-ó
> jug-amos — jug-asteis — jug-aron

Otros verbos de este grupo son: *llegar, pagar, entregar, apagar.*

c) *Irregularidad propia*

A efectos prácticos, los verbos incluidos en este apartado pueden clasificarse en los siguientes grupos:

● Vocal radical **-u-**: *poder, saber, poner, caber, haber.*

> puse — pusiste — puso
> pusimos — pusisteis — pusieron
>
> supe — supiste — supo
> supimos — supisteis — supieron
>
> pude — pudiste — pudo
> pudimos — pudisteis — pudieron
>
> cupe — cupiste — cupo
> cupimos — cupisteis — cupieron
>
> hube — hubiste — hubo
> hubimos — hubisteis — hubieron

La forma *hubo* es la única que tiene valor impersonal y, por tanto, la más usual de todas.

● Vocal radical **-i-**: *decir, hacer, dar, querer, venir.*

> dije — dijiste — dijo
> dijimos — dijisteis — dijeron
>
> hice — hiciste — hizo
> hicimos — hicisteis — hicieron
>
> di — diste — dio
> dimos — disteis — dieron

```
quise [1] — quisiste — quiso
quisimos — quisisteis — quisieron

vine — viniste — vino
vinimos — vinisteis — vinieron
```

● Verbos que incorporan la consonante **-v-**: *estar, tener, andar.*

```
estuve — estuviste — estuvo
estuvimos — estuvisteis — estuvieron

tuve — tuviste — tuvo
tuvimos — tuvisteis — tuvieron

anduve — anduviste — anduvo
anduvimos — anduvisteis — anduvieron
```

● Verbos que incorporan la consonante **-j-**: *traer, decir* [2]

```
traje — trajiste — trajo
trajimos — trajisteis — trajeron
```

● Verbos que cambian totalmente en el indefinido: *ser, ir.*

fui — fuiste — fue — fuimos — fuisteis — fueron

Es muy importante recordar que estos dos verbos coinciden totalmente en sus formas del indefinido.

① **Consideraciones generales**

Enrique habló durante hora y media.
Enrique habló a las cinco.

El pretérito indefinido expresa acciones:

a) Ocurridas en el pasado.
b) Orientadas hacia ese eje temporal.
c) No relacionadas con el presente y psicológicamente alejadas de él.

---

[1] Nótese que los verbos *poner* y *querer* tienen en común la consonante **-s-** en el indefinido. Véase página anterior.

[2] Obsérvese que el verbo *decir* ya figura en el apartado de los verbos con vocal radical **-i-**.

d) Limitadas y cerradas en sí mismas.

1. *Enrique **habló** a las cinco.*
2. *Enrique **habló** durante hora y media.*
3. *Ana **llegó** tarde.*
4. *Luisa **trabajó** todo el día.*
5. *Los **vimos** en el metro.*
6. ***Caminamos** veinte kilómetros.*

② Usos básicos

Hay dos tipos de acciones que exigen el pretérito indefinido en la oración simple:

a) Acción *durativa,* pero *limitada* y *cerrada* en sí misma (ejemplos 2, 4 y 6). Esta acción puede expresarse gráficamente mediante un círculo:

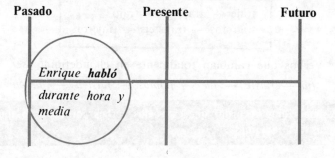

b) Acción *instantánea, rápida,* que se percibe como carente de duración (ejemplos 1, 3 y 5). Esta acción la expresamos gráficamente por una línea quebrada o un punto.

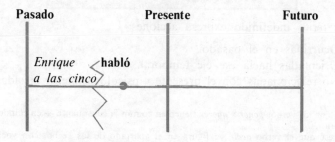

Tanto la acción *durativa* como la *instantánea* o *puntual*[1] pueden ir acompañadas de referentes temporales del tipo: *ayer, ese/aquel día/mes/ año, el año pasado,* etc., que al limitar la acción verbal en el pasado exigen el pretérito indefinido.

*Ayer **escribí** cuatro cartas.*
*Ayer **escribí** durante ocho horas.*
*El año pasado **estuvimos** en Italia.*
*El año pasado sólo **trabajé** tres meses.*

Regla práctica.—Las preguntas formuladas en pretérito indefinido normalmente condicionan respuestas también en ese tiempo.

*¿Dónde **compraste** los zapatos? ~ Los **compré** aquí.*
*¿**Dijo** usted algo? ~ No, no **dije** nada.*
*¿Cómo **abrió** la puerta? ~ La **abrió** a patadas.*

---

[1] Sólo el contexto, como es lógico, precisa con exactitud si la acción es de tipo durativo o puntual.

CURSO INTENSIVO DE ESPAÑOL

Niveles de iniciación y elemental:

Morfología:
Verbos regulares: 173, 174, 175.
Verbos de cambio ortográfico: 337, 338, 343, 344, 349, 350, 351.
Verbos de debilitación vocálica: 335, 336, 338.
Verbos de irregularidad propia: 181, 182, 183, 184, 185, 188.
Verbos (**ser** y **estar**): 160, 161, 162, 166, 167, 168, 328, 329.
Casos especiales: 398, 399, 400.

Sintaxis:
Contraste indefinido ≠ imperfecto: 401, 402.
Contraste indefinido ≠ pret. perfecto: 412, 413.

Niveles elemental e intermedio:

Morfología:
Verbos regulares: 75.
Verbos de cambio ortográfico: 75, 76, 82.
Verbos de debilitación vocálica: 75, 76, 82.
Verbos de irregularidad propia: 75, 76, 82.
Miscelánea: 81.

Sintaxis: 83, 238.
Contraste indefinido ≠ imperfecto: 239, 240, 245, 246, 247, 248, 251, 253, 254, 255, 256.
Contraste indefinido ≠ pret. perfecto: 274, 275, 277.

Niveles intermedio y superior:

Morfología:
Verbos de irregularidad común, propia y cambio ortográfico: 28.
Verbos irregulares: 29.
Pret. indefinido ≠ imperfecto: 30, 31.
En narración: 32, 227, 231.
Con **ser**: 226.
Indefinido ≠ pluscuamperfecto: 229.

II.3

Pretérito imperfecto

1 Verbos regulares

	-ar (hablar)	**-er** (comer)	**-ir** (escribir)
singular	habl-**aba** habl-**abas** habl-**aba**	com-**ía** com-**ías** com-**ía**	escrib-**ía** escrib-**ías** escrib-**ía**
plural	habl-**ábamos** habl-**abais** habl-**aban**	com-**íamos** com-**íais** com-**ían**	escrib-**íamos** escrib-**íais** escrib-**ían**

2 Verbos irregulares

El imperfecto es un tiempo muy regular en el sistema verbal español. Los casos de irregularidad se limitan a los siguientes verbos: **ser, ver** e **ir**.

33

Sus paradigmas son los siguientes:

> era — eras — era — éramos — erais — eran
> veía — veías — veía — veíamos — veíais — veían
> iba — ibas — iba — íbamos — ibais — iban

① **Consideraciones generales**

> *Paseaban mucho en invierno.*
> *¿A quién esperabas en la estación?*

El pretérito imperfecto expresa una acción que tuvo lugar en el pasado, pero que puede estar abierta y orientada tanto hacia el pasado como hacia el futuro[1].

Expresado gráficamente, resultaría así:

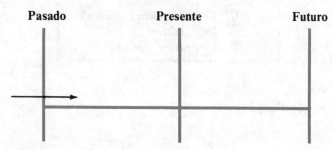

Pasado   Presente   Futuro

1. *Bebíamos cerveza en las comidas.*
2. *En aquel momento oía la radio.*
3. *Dijo que venía al día siguiente.*

En el ejemplo 1, *Bebíamos* expresa una acción pasada con respecto al presente, pero *abierta* y *no limitada* en sí misma. Es una acción que se repite *habitualmente.*

En el ejemplo 2, *oía* expresa una *acción en desarrollo* también *abierta* y no limitada en el tiempo. En el ejemplo 3, *venía* expresa una acción claramente posterior al eje del pasado, es decir, *futura* con respecto a dicho eje.

---

[1] Este carácter de *apertura* y *no limitación temporal* es el rasgo que más le caracteriza y asemeja al presente, puesto que tiene en el eje del pasado los mismos usos que el presente en el suyo propio, y también lo que le diferencia del carácter *cerrado* y *limitado en el tiempo* del pretérito indefinido. Véanse, respectivamente, págs. 24, 29, 30 y 31.

② Usos básicos

Dos son los usos básicos del pretérito imperfecto:

a) Acción *habitual* y *repetida* en el pasado[1]. En este caso, el pretérito imperfecto puede ir acompañado de expresiones temporales que expresan acto habitual, tales como: *entonces, todos los días/tardes,* etc., *normalmente, generalmente, frecuentemente, en invierno/verano,* etc.
En este contexto el pretérito imperfecto se puede sustituir sin cambio de significado por el verbo defectivo **soler,** que sólo admite el presente y pretérito imperfecto por estar especializado en la expresión de la habitualidad.

Paseaban *mucho en invierno.*	= **Solían** *pasear mucho en invierno.*
Tomábamos *el sol demasiado.*	= **Solíamos** *tomar el sol demasiado.*
Nos **escribía** *todas las semanas.*	= **Solía** *escribirnos todas las semanas.*
Llegaban *siempre tarde.*	= **Solían** *llegar siempre tarde.*

b) Acción en *desarrollo, proceso o progresión*[2].

¿A quién **esperabas** *en la estación?*
¿Qué **hacían** *ustedes allí a esas horas?*
La vi cuando **cruzaba** *la calle.*

Regla práctica.—Las preguntas formuladas en pretérito imperfecto normalmente condicionan respuestas también en pretérito imperfecto por referirse a acciones habituales o en desarrollo.

(acto habitual)
*¿***Fumabas** *mucho? — Apenas* **fumaba.**

(habitualidad
o proceso)
¿Qué **hacías** *allí? — **Hacía** muchas cosas.*
¿Dónde **vivían**? *— **Vivían** en Barcelona.*

---

[1] Éste es el uso más común del pretérito imperfecto en español.
[2] Naturalmente, sólo el contexto precisa con exactitud si la acción es habitual o en proceso.

35

③ Contrastes entre tiempos

a) *Contraste entre el imperfecto y el presente*

Ambos desempeñan, como hemos visto, análoga misión dentro del sistema verbal español con referencia a sus respectivos ejes (eje del presente y eje del pasado)[1]. Los dos son tiempos *abiertos*, no limitados. Así como el presente puede expresar acciones anteriores, coincidentes o posteriores al eje del presente, el imperfecto puede también expresar estas tres posibilidades. Por esta razón se le suele denominar *presente del pasado*.

Bebo *vino en las comidas.*   ≠ **Bebía** *vino en las comidas.*
(acción repetida habitualmente)

En este momento **escucho** *la radio.* ≠ *En aquel momento* **escuchaba** *la radio.*
(acción coincidente con el respectivo eje, acción en proceso)

Mañana te lo **digo.**   ≠ *Dije que te lo* **decía** *mañana.*
(acción posterior al eje respectivo: futuro)

Los casos más comunes y claros de usos paralelos entre el presente y el imperfecto se presentan:

1. En frases que incluyen explícita o implícitamente los referentes temporales de carácter habitual, tipo:

antes ≠ ahora

entonces ≠ hoy

Antes **vivía** *en Bruselas; ahora* **vivo** *en Río de Janeiro.*
Entonces **éramos** *jóvenes; hoy* **somos** *viejos.*
Hace tiempo lo **veía;** *ahora lo* **veo** *muy poco.*
En aquella época se **querían;** *hoy se* **odian.**
Ayer[2] *se* **hablaba** *mucho de toros; hoy sólo se* **habla** *de fútbol.*
Salíamos *mucho; ahora apenas lo* **hacemos.**

---

[1] Véase pág. 24.

[2] *Ayer*, en este ejemplo, equivale a *antes.* Con su significado normal y en la oración simple va seguida normalmente de un pretérito indefinido. En la compuesta no sucede así:

Ayer **íbamos** *de viaje cuando ocurrió el accidente.*

Donde *íbamos* expresa acción en proceso.

2. En preguntas o afirmaciones formuladas en presente habitual que se contestan en pretérito imperfecto para indicar que ya no se repiten, que se han terminado.

> *¿Tienes mucha hambre? ~ La tenía.*
> *¿Aún sois novios? ~ Lo éramos.*
> *Él se cuida mucho, ¿verdad? ~ Se cuidaba.*
> *Aquí los trenes siempre llegan tarde. ~ Llegaban.*

Ambos casos excluyen, como es lógico, el uso del indefinido (que es un tiempo no orientado hacia el presente, sino hacia el pasado).

b) *Contraste entre el imperfecto y el indefinido*

Dos son los casos más frecuentes de contraste entre el imperfecto y el indefinido, a saber:

1. *Acción habitual ≠ Acción limitada en el tiempo* (puntual)

Aparece este contraste normalmente en oraciones que incluyen referentes temporales del tipo:

> *Todos los días/semanas/meses/ años.*   ≠ *Aquel/Ese día/semana/mes,* etc.
>
> *Los domingos.*   ≠ *Aquel/Ese domingo.*
>
> *Siempre.*   ≠ *Ese/Aquel día, ayer.*

(acción habitual)	(acción puntual)
Todas las tardes tomábamos el té.	≠ *Esa tarde no lo tomamos.*
Siempre llevaba los niños al colegio.	≠ *Ayer no los llevó.*
Los sábados comíamos fuera.	≠ *Ese sábado comimos en casa.*
En verano íbamos a la playa.	≠ *El verano de 1985 fuimos a la montaña.*

2. *Acción en desarrollo ≠ Acción totalizadora* (puntual)

Se da este contraste normalmente en la oración simple y, en este caso, tanto el imperfecto como el indefinido admiten referentes de limitación temporal. El contraste se establece entre la acción en desarrollo expresada por el imperfecto y la totalizadora, puntual del indefinido[1].

(acción en desarrollo)

*Cervantes **escribía** la primera* ≠ *Cervantes **escribió** la primera parte de «El Quijote» en 1604.* *parte de «El Quijote» en 1604.*

*Napoleón **moría** el 5 de mayo* ≠ *Napoleón **murió** el 5 de mayo de 1821.* *de 1821.*

*Aquella mañana **llovía** mucho.* ≠ *Aquella mañana **llovió** mucho.*

*Ese año no **trabajábamos**.* ≠ *Ese año no **trabajamos**.*

(acción totalizadora)

Un caso especial de contraste se da con el verbo *ser* en la expresión de la hora. Empleado con el imperfecto, expresa acción abierta, en desarrollo, mientras que en el indefinido expresa acción cerrada, totalizadora, puntual, y equivale a *ocurrir, suceder*.

*¿Qué hora **era**? ~ **Eran** las ocho.*
*¿A qué hora **fue**? ~ **Fue** a las ocho.*

---

[1] El contexto será, en último extremo, el factor que decida si la acción es *abierta* (imperfecto) o *cerrada* o limitada (indefinido).

CURSO INTENSIVO DE ESPAÑOL

Niveles de iniciación y elemental:

Morfología:
Verbos regulares: 189, 190, 191, 192.
Morfosintaxis (verbos irregulares): 195, 196, 197, 198, 199.

Sintaxis: 391, 392.
Contraste imperfecto ≠ presente: 393, 394, 395.
Contraste indefinido ≠ imperfecto: 401, 402.

Niveles elemental e intermedio:

Morfología: 87.

Morfosintaxis: 89.

Sintaxis: 252.
Contraste imperfecto ≠ presente: 261.
Contraste indefinido ≠ imperfecto: 239, 240, 245, 246, 247, 248, 251, 253, 254, 255, 256.

Niveles intermedio y superior:

Sintaxis:
Imperfecto ≠ presente e imperfecto ≠ con indefinido: 31.
Imperfecto ≠ presente: 225.
Imperfecto ≠ indefinido: 30, 32, 226, 227, 231.
Estilo indirecto: 224.
Condicional imperfecto ≠ pret. imperfecto: 230.
Pret. imperfecto ≠ indefinido ≠ pluscuamperfecto en textos: 231.

II.4

Futuro imperfecto

☐ **Morfología**

   ① *Verbos regulares*
   ② *Verbos irregulares*

◯ **Sintaxis**

   ① *Consideraciones generales*
   ② *Usos básicos*
   ③ *Contrastes*
   ④ *Alternancias*

---

① **Verbos regulares**

	-ar (hablar)	**-er** (comer)	**-ir** (escribir)
singular	hablar-**é** hablar-**ás** hablar-**á**	comer-**é** comer-**ás** comer-**á**	escribir-**é** escribir-**ás** escribir-**á**
plural	hablar-**emos** hablar-**éis** hablar-**án**	comer-**emos** comer-**éis** comer-**án**	escribir-**emos** escribir-**éis** escribir-**án**

② **Verbos irregulares**

Las irregularidades en la formación del futuro se reducen a los verbos de irregularidad propia. A efectos prácticos, se pueden dividir en tres grupos:

40

1. *Tener, venir, poner, salir.*
2. *Saber, poder, haber, caber.*
3. *Decir, hacer, querer.*

Conjugación del grupo 1:

tendré — tendrás — tendrá	tendremos — tendréis — tendrán
vendré — **vend**rás — vendrá	vendremos — vendréis — vendrán
pondré — pondrás — pondrá	pondremos — pondréis — pondrán
saldré — saldrás — saldrá	saldremos — saldréis — saldrán

Todos estos verbos presentan la particularidad de incluir una -d- en la raíz.

Conjugación del grupo 2:

sabré — sabrás — sabrá	sabremos — sabréis — sabrán
podré — podrás — podrá	podremos — podréis — podrán
habré — habrás — habrá	habremos — habréis — habrán
cabré — cabrás — cabrá	cabremos — cabréis — cabrán

La característica común a estos verbos es que eliden la vocal -e- de la raíz para la formación del futuro.

Conjugación del grupo 3:

diré — dirás — dirá	**diremos — diréis — dirán**
haré — harás — hará	**haremos — haréis — harán**

> querré — querrás — querrá
> querremos — querréis — querrán

Obsérvese que estos tres verbos son totalmente irregulares.

① Consideraciones generales

| *Esta noche conduciré yo.* | *¿Cuántos años tendrá esa señora?* |

Como se ha visto en la unidad dedicada al presente de indicativo, el presente ha desplazado su campo de acción hacia el futuro imperfecto, por lo que en español puede emplearse con tal valor acompañado de referentes temporales. El futuro imperfecto, por su parte, además de su uso normal para expresar acciones futuras [1], a diferencia de otras lenguas, se ha especializado en la expresión de la *probabilidad* en el presente.

Expresado gráficamente, resulta así:

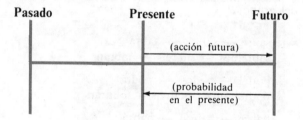

② Usos básicos

a) Uso normal: *expresión de acción futura* (futuridad).

*Esta noche **conduciré** yo.*
***Llamarán** dentro de unos días.*
*Lo **haremos** mañana.*
*Me **entregarán** el documento en junio.*

b) Uso oblicuo: *expresión de la probabilidad en el presente.*

*¿Cuántos años **tendrá** esa señora?*

---

[1] Es decir, acciones proyectadas hacia el eje del futuro.

Serán *las ocho y media.*
Habrá *mil personas en el concierto.*

③ Contraste entre el futuro imperfecto y el presente de indicativo

El contraste más claro y frecuente entre estos dos tiempos se da en la mecánica pregunta-respuesta. En ella el futuro imperfecto normalmente denota *probabilidad en el presente,* mientras que el presente denota *certeza.*

(probabilidad)	(certeza)
¿Cuánto dinero **ganará?**	≠ **Gana** *tres millones al año.*
¿De dónde **serán?**	≠ **Son** *griegas.*
Tendrás *ganas de verle, ¿verdad?*	≠ **Tengo** *muchas ganas.*

④ Alternancias

a) *Presente/Futuro imperfecto=acción futura*

El caso más frecuente de esta alternancia tiene lugar cuando el presente va acompañado de referentes temporales tales como: *mañana, dentro de unos días, el año que viene,* etc. Si no va acompañado de ellos, el presente no suele emplearse con este valor.

Esta noche **conduzco/conduciré** *yo.*
Llaman/Llamarán *dentro de unos días.*
Lo **hacemos/haremos** *mañana.*
Me **entregan/entregarán** *el documento en junio.*

b) *Presente/Futuro imperfecto=probabilidad en el presente*

Este tipo de alternancia aparece cuando el presente va acompañado de adverbios o expresiones de duda o probabilidad tales como: *probablemente, seguramente, a lo mejor, tal vez, más o menos, aproximadamente,* etc.

Seguramente **vive/vivirá** *aquí.*
Probablemente **comen/comerán** *mucho.*
A lo mejor no lo **sabe/sabrá.**
Tal vez **son/serán** *parientes.*
Fuman/Fumarán *más o menos un paquete al día.*

CURSO INTENSIVO DE ESPAÑOL

Niveles de iniciación y elemental:

Morfología:
Verbos regulares: 202, 363.
Verbos irregulares: 203, 204, 205, 364, 365.

Sintaxis:
Probabilidad en el presente: 377, 378, 379.
Alternancias: 377.
Contraste presente ≠ futuro imperfecto: 379.

Niveles elemental e intermedio:

Morfología:
Verbos regulares: 93.
Verbos irregulares: 94.

Sintaxis:
Probabilidad en el presente: 95, 266, 268.

Niveles intermedio y superior:

Fut. imperfecto (probabilidad) ≠ presente: 38.
Fut. imperfecto ≠ condicional imperfecto de probabilidad: 36.
Futuros ≠ condicionales de probabilidad: 37, 39.
Fut. perfecto ≠ cond. perfecto: 44.
Fut. perfecto ≠ fut. imperfecto: 42.

II.5

Condicional imperfecto

1 Verbos regulares

	-ar (hablar)	-er (comer)	-ir (escribir)
singular	hablar-**ía** hablar-**ías** hablar-**ía**	comer-**ía** comer-**ías** comer-**ía**	escribir-**ía** escribir-**ías** escribir-**ía**
plural	hablar-**íamos** hablar-**íais** hablar-**ían**	comer-**íamos** comer-**íais** comer-**ían**	escribir-**íamos** escribir-**íais** escribir-**ían**

2 Verbos irregulares

Las irregularidades en la formación del condicional simple se reducen a los verbos de irregularidad propia. Se pueden dividir en los mismos grupos que se presentaron en el futuro:

45

1. *Tener, venir, poner, salir.*
2. *Saber, poder, haber, caber.*
3. *Decir, hacer, querer.*

Conjugación del grupo 1:

tendría — tendrías — tendría tendríamos — tendríais — tendrían
vendría — vendrías — vendría vendríamos — vendríais — vendrían
pondría — pondrías — pondría pondríamos — pondríais — pondrían
saldría — saldrías — saldría saldríamos — saldríais — saldrían

Todos estos verbos presentan la particularidad de incluir una *-d-* en la raíz.

Conjugación del grupo 2:

sabría — sabrías — sabría sabríamos — sabríais — sabrían
podría — podrías — podría podríamos — podríais — podrían
habría — habrías — habría habríamos — habríais — habrían
cabría — cabrías — cabría cabríamos — cabríais — cabrían

La característica común a estos verbos es que eliden la vocal *-e-* de la raíz.

Conjugación del grupo 3 (cada verbo tiene irregularidades específicas):

diría — dirías — diría diríamos — diríais — dirían

haría — harías — harían
haríamos — haríais — harían
querría — querrías — querría
querríamos — querríais — querrían

① **Consideraciones generales**

Dijo que vendría mañana.	*¿Con quién saldría Carmen entonces?*

El condicional simple se emplea para expresar acciones futuras con referencia al eje del pasado; por eso también se conoce como *futuro del pasado*.

Además de este uso normal, común a otras muchas lenguas, en español se ha especializado este tiempo (análogamente a lo que se ha dicho en el capítulo anterior para el futuro imperfecto) para expresar la *probabilidad en el pasado*.

El uso normal se da, por lo general, en la oración compuesta; el de probabilidad en el pasado, en la oración simple.

Su expresión gráfica sería la siguiente:

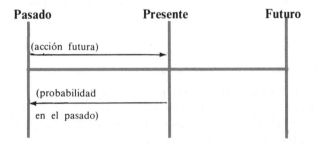

② **Usos básicos**

a) Uso normal: *expresión de acción futura en el pasado* [1].

*Dijo que **vendría** mañana.*
*Prometí que lo **haría** rápidamente.*
*Creía que no **llegaríamos** a tiempo.*
*Pensaban que no **sucedería** nada.*

---

[1] Este uso del condicional aparece normalmente en estilo indirecto.

b) Uso oblicuo: *expresión de la probabilidad en el eje del pasado.*

*¿Con quién **saldría** Carmen entonces?*
*¿Dónde **estarían** a esas horas de la noche?*
***Serían** las ocho y media.*
***Habría** mil personas en el concierto.*

③ Contraste entre el condicional imperfecto
y el pretérito imperfecto

El contraste más claro entre estos dos tiempos se suele dar en la mecánica pregunta-respuesta. En ella el condicional imperfecto normalmente denota *probabilidad* en el pasado, mientras que el pretérito imperfecto expresa certeza.

(probabilidad)	(certeza)
*¿Cuánto dinero **ganaría?***	≠ ***Ganaba** tres millones al año.*
*¿De dónde **serían?***	≠ ***Eran** griegas.*
***Tendrían** ganas de verle, ¿verdad?*	≠ ***Tenían** muchas ganas.*
*¿En qué **pensarías?***	≠ ***Pensaba** en mis padres.*

④ Alternancias

a) *Condicional imperfecto/Pretérito imperfecto=acción futura*

Como ya se ha visto, el presente puede sustituir al futuro imperfecto. Análogamente, el pretérito imperfecto *(presente del pasado)* puede sustituir al condicional imperfecto en la oración compuesta[1] para expresar acción futura desde el eje del pasado.

*Dijo que **vendría/venía** mañana.*
*Prometí que lo **haría/hacía** rápidamente.*
*Comentó que lo **entregaría/entregaba** en un par de horas.*
*Aseguraron que **estarían/estaban** en casa al amanecer.*

b) *Condicional imperfecto/Pretérito imperfecto=probabilidad en el eje del pasado*

Este tipo de alternancia aparece cuando el pretérito imperfecto está acompañado de adverbios o expresiones de duda o probabilidad tales

---

[1] Esta alternancia se da, por lo general, en estilo indirecto.

como: *probablemente, seguramente, a lo mejor, tal vez, más o menos, aproximadamente,* etc.

Viviría aquí. ~ Seguramente **vivía** aquí.
Comerían mucho. ~ Probablemente **comían** mucho.
No lo **sabría.** ~ A lo mejor no lo **sabía.**
Fumarían un paquete. ~ **Fumaban** aproximadamente un paquete.
Serían hermanos. ~ Tal vez **eran** hermanos.

EJERCICIOS

CURSO INTENSIVO DE ESPAÑOL

Niveles de iniciación y elemental:

Morfología:
Verbos regulares: 210, 370.
Verbos irregulares: 211, 212, 213, 371.

Sintaxis:
Probabilidad en el pasado: 384, 385.
Contraste condicional ≠ pret. imperfecto: 386.
Alternancias: 384.

Niveles elemental e intermedio:

Morfología:
Verbos regulares e irregulares: 99.

Sintaxis:
Probabilidad en el pasado: 101, 266.
Alternancias: 100, 268.

Niveles intermedio y superior:

Cond. imperfecto ≠ cond. perfecto: 43.
Cond. perfecto ≠ fut. perfecto: 44.
Cond. imperfecto ≠ fut. imperfecto de probabilidad: 36.
Condicional ≠ futuros de probabilidad: 37.
Condicional imperfecto ≠ pret. imperfecto: 230.

II.6

Tiempos compuestos del indicativo

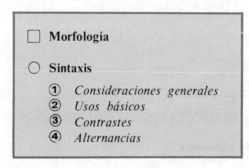

☐ Morfología

◯ Sintaxis
   ① *Consideraciones generales*
   ② *Usos básicos*
   ③ *Contrastes*
   ④ *Alternancias*

☐ Morfología

Los llamados tiempos compuestos del indicativo son los siguientes:

a) *Pretérito perfecto* (presente de **haber** + participio pasado):

    he
    has
    ha
    hemos   }   **hablado/comido/escrito**
    habéis
    han

b) *Pretérito pluscuamperfecto* (imperfecto de **haber** + participio pasado):

    había
    habías
    había
    habíamos   }   **hablado/comido/escrito**
    habíais
    habían

c) *Futuro perfecto* (futuro simple de **haber** + participio pasado):

- habré
- habrás
- habrá
- habremos
- habréis
- habrán

hablado/comido/escrito

d) *Condicional perfecto* (condicional simple de **haber** + participio pasado):

- habría
- habrías
- habría
- habríamos
- habríais
- habrían

hablado/comido/escrito

① Consideraciones generales

Hemos recibido muchas felicitaciones (hoy/esta mañana/semana, etc.)	*Cuando lleguen, ya habremos desayunado.*
Habíamos recibido muchas felicitaciones (esa mañana/semana/mes, etc.).	*Decía que cuando llegaran, ya habríamos desayunado.*

Si los tiempos simples o imperfectos, como ya hemos visto, en sus usos normales expresan acciones simultáneas o posteriores a sus ejes respectivos (véase pág. 19), las acciones expresadas por los cuatro tiempos compuestos o perfectos del indicativo español[1] son anteriores a dichos ejes y también guardan una clara simetría entre sí.

Su gráfico sería el siguiente:

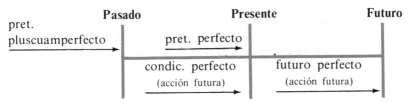

---

[1] El llamado pretérito anterior *hube escrito* es un sustituto literario del pretérito indefinido y del pretérito pluscuamperfecto y es de uso muy poco frecuente.

Han llegado tarde (hoy/este mes/semana/año, etc.).
Habían llegado tarde (aquel día/mes/semana, etc.).
Para el año 1990 habremos solucionado el problema.
Dije que para el año 1990 habríamos solucionado el problema.

② Usos básicos

a) *Pretérito perfecto y pretérito pluscuamperfecto*

1. El pretérito perfecto expresa una acción iniciada en el pasado, pero orientada hacia el eje del presente.

   Hemos recibido muchas felicitaciones (hoy/esta mañana/semana, etc.).
   ¿Has visto a Paco? (hoy/esta mañana, últimamente, etc.).

2. El pretérito pluscuamperfecto, en total simetría con el pretérito perfecto, expresa una acción iniciada con anterioridad al eje del pasado y orientada o proyectada hacia ese eje.

   Habíamos recibido muchas felicitaciones (esa mañana/semana/mes, etcétera).
   ¿Habías visto a Paco? (esos días/semanas, últimamente, etc.).

b) *Futuro perfecto y condicional perfecto*

   Ambos tiempos, como sus correspondientes simples (véanse págs. 42 y 47), presentan dos usos: el normal y el oblicuo o de probabilidad.

1. El futuro perfecto, en su uso normal, expresa una acción futura con respecto al eje del presente que se realiza con anterioridad a otra también futura.

   Cuando lleguen, ya habremos desayunado.
   Para el lunes (ya) habrán terminado.
   Para cuando él termine su carrera, yo ya habré terminado la mía.

2. El condicional perfecto, en su uso normal[1], expresa una acción futura con respecto al eje del pasado que se realiza con anterioridad a otra acción también futura con respecto a dicho eje.

---

[1] Tanto el futuro como el condicional perfectos, en su uso normal, se emplean, por lo general, en la oración compuesta.

*Decía que cuando llegaran **habríamos desayunado.***
*Dije que para el lunes (ya) **habrían terminado.***
*Comentamos que, para cuando ellos terminaran sus carreras, nosotros **habríamos terminado** las nuestras.*

Para la expresión de la *probabilidad,* el futuro y condicional perfectos presentan idéntico paralelismo que sus respectivos tiempos imperfectos. Es decir, mientras el futuro imperfecto expresa una acción probable en el eje del presente (véase gráfico de pág. 42), el perfecto expresa una acción probable anterior a dicho eje; y mientras el condicional imperfecto expresa una acción probable en el eje del pasado[1], el perfecto expresa una acción probable anterior a dicho eje.

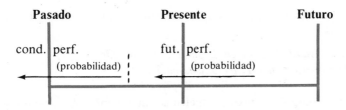

Pasado   **Presente**   **Futuro**

cond. perf.   fut. perf.
(probabilidad)   (probabilidad)

*¿Por qué no **contesta** al teléfono? ~ Se **habrá dormido.***
*¿Por qué no **contestó** al teléfono? ~ Se **habría dormido.***
*¿Oye? No **han llegado.** ~ **Habrán perdido** el avión.*
*Eran las once y no **habían llegado.** ~ **Habrían perdido** el avión.*

En estos ejemplos se observará que el futuro perfecto de probabilidad *se habrá dormido* expresa una acción anterior al presente *contesta,* y que el condicional perfecto de probabilidad *se habría dormido* expresa igualmente una acción anterior al pasado *contestó.*

③ **Contrastes**

1. *Pretérito perfecto ≠ pretérito pluscuamperfecto*

Este contraste se da fundamentalmente en la oración compuesta. Ambos tiempos desempeñan análoga misión dentro del sistema verbal español con referencia a sus respectivos ejes[2]. El pretérito perfecto, con

---

[1] Véase gráfico de pág. 47.
[2] Véase gráfico de pág. 51.

referencia al eje del presente, y el pluscuamperfecto, con referencia al eje del pasado.

*Cada vez que le **propongo** una nueva ≠ Cada vez que le **proponía** una
idea, ella ya la **ha estudiado**.*   *idea nueva, ya la **había estudiado**.*

> Obsérvese:
>
> *a)* que *ha estudiado* expresa una acción anterior a *propongo;*
> *b)* que *había estudiado* es anterior a *proponía*.

2. *Pretérito perfecto ≠ pretérito indefinido*

En la oración simple, estos dos tiempos son intercambiables en muchos casos.

Han vivido/Vivieron en España toda su vida.
Hemos trabajado/Trabajamos mucho.

Sin embargo, sus usos no suelen ser intercambiables cuando se establece un contraste entre referentes temporales.

El sábado pasado *fuimos* al campo; **hoy hemos ido** a la playa.
Este verano se *han divertido* poco; **aquel verano se** *divirtieron mucho*.

3. *Futuro perfecto ≠ condicional perfecto*

El contraste se da normalmente en la oración compuesta cuando no expresan probabilidad.

*Cuando le veamos ya **habremos reci-** ≠ Comenté que cuando le viéramos
bido su carta.*   *ya **habríamos recibido** su carta.*

4. *Futuro perfecto ≠ pretérito perfecto* (probabilidad ≠ certeza)

Ambos tiempos presentan una acción anterior al eje del presente y orientada hacia él. El futuro perfecto la presenta como *probable* y el pretérito perfecto como *cierta*.

*El billete de avión le **habrá costado** ≠ El billete de avión le **ha costado**
30.000 pesetas.*   *30.000 pesetas.*

5. *Futuro perfecto ≠ condicional perfecto* (probabilidad)

Como ya se ha dicho, ambos tiempos pueden expresar probabilidad.

El futuro perfecto con respecto al eje del presente y el condicional perfecto con respecto al eje del pasado.

Habrán estado *fuera de Madrid to-*	≠ **Habrían estado** *fuera de Madrid*
das las vacaciones.	*todas las vacaciones.*

6. *Condicional perfecto* ≠ *pretérito pluscuamperfecto* (probabilidad ≠ certeza)

Ambos tiempos presentan una acción anterior al eje del pasado y orientada hacia él. El condicional perfecto la presenta como *probable* y el pluscuamperfecto como *cierta.*

*¿**Habría estado** casada anteriormente?* ≠ *Sí, **había estado** casada anteriormente.*

④ **Alternancias** [1]

a) *Pretérito perfecto/futuro perfecto=probabilidad anterior al eje del presente*

Este tipo de alternancia se presenta cuando el pretérito perfecto va acompañado de adverbios o expresiones de duda o probabilidad tales como: *probablemente, seguramente, a lo mejor,* etc.

*Seguramente **ha vivido/habrá vivido** aquí.*
*Probablemente **han comido/habrán comido** demasiado.*
*Tal vez **han estado/habrán estado** casados.*

b) *Pretérito pluscuamperfecto/condicional perfecto=probabilidad anterior al eje del pasado*

Este tipo de alternancia aparece cuando el pretérito pluscuamperfecto está acompañado de adverbios de duda o probabilidad.

*Seguramente **había vivido/habría vivido** allí.*
*Tal vez **habían estado/habrían estado** casados.*
***Habían asistido** a la reunión aproximadamente 500 personas./**Habrían asistido** 500 personas.*

---

[1] Por razones de economía lingüística, en español se emplean más las formas de los futuros y condicionales de probabilidad que sus equivalentes tiempos perfectos acompañados de referentes adverbiales.

CURSO INTENSIVO DE ESPAÑOL

Niveles de iniciación y elemental:

Pret. perfecto:
Morfología: 220, 405, 406, 410, 411.
Sintaxis: 412, 413.

Niveles elemental e intermedio:

Pret. perfecto y pluscuamperfecto:
Morfología: 108, 112.

Sintaxis:
Contraste pret. perfecto ≠ indefinido: 274, 275, 277.
Contraste pret. perfecto ≠ pret. pluscuamperfecto: 276, 277.
Contraste pret. perfecto y pluscuamperfecto ≠ futuro y condicional perfectos: 267.
Futuros y condicionales simples y compuestos de probabilidad: 268.

Futuro y condicional perfectos:
Morfología: 113, 114.
Sintaxis: 267, 268, 269, 270.

Niveles intermedio y superior:

Pret. perfecto ≠ pret. pluscuamperfecto: 35.
Pret. pluscuamperfecto ≠ pret. indefinido: 229.
Pret. imperfecto ≠ indefinido ≠ pluscuamperfecto en textos: 231.
Fut. perfecto ≠ cond. perfecto: 44.
Futuros ≠ condicionales de probabilidad: 37, 39.
Futuros perfecto ≠ imperfecto: 42.
Cond. imperfecto ≠ perfecto: 43.

III

Imperativo

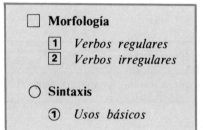

☐ **Morfología**

1. *Verbos regulares*
2. *Verbos irregulares*

○ **Sintaxis**

① *Usos básicos*

① Verbos regulares

El imperativo español tiene cuatro formas, dos para el singular y dos para el plural. En ambos casos el tratamiento es doble: de confianza *(tú, vosotros)* y de respeto *(usted, ustedes).*

La forma de confianza singular *(tú)* afirmativa coincide siempre con la 3.ª persona singular del presente de indicativo[1], y la del plural *(vosotros)* se forma cambiando la *-r* final del infinitivo por *-d.*

a) *Forma afirmativa*

De confianza:

	-ar	-er/-ir
(tú)	habl-**a**	com-**e** viv-**e**
(vosotros)[1]	habl-**ad**	com-**ed** viv-**id**

NOTA.—Los verbos pronominales (marcharse, lavarse, escribirse, etc.) en la forma afirmativa

De respeto:

	-ar	-er/-ir
(usted)	habl-**e**	com-**a** [1] viv-**a**
(ustedes)	habl-**en**	com-**an** viv-**an**

b) *Forma negativa*

De confianza:

	-ar	-er	-ir
(tú)	no habl-**es**	no com-**as**	no escrib-**as**
(vosotros)	no habl-**éis**	no com-**áis**	no escrib-**áis**

De respeto:

	-ar	-er	-ir
(usted)	no habl-**e**	no com-**a**	no escrib-**a**
(ustedes)	no habl-**en**	no com-**an**	no escrib-**an**

2   Verbos irregulares

a) Forma afirmativa de confianza *(tú)* sing.:

Las excepciones a la norma de la página 57 sobre la forma singular *tú* son las siguientes:

---

del imperativo de la segunda persona plural (*vosotros*) presenta las siguientes variantes:
Verbos en -AR = **-aos.**
Verbos en -ER = **-eos.**
Verbos en -IR = **-ios.**
¡March**aos** cuanto antes!
¡Pone**os** de pie!
¡Desped**íos** de la familia!
La excepción es el verbo IR con la forma poco usada ¡IDOS!

[1] Obsérvese que la terminación del imperativo de respeto (usted/ustedes) de los verbos de la 1.ª conjugación (en **-ar)** cambia a **-e** y la de los verbos de la 2.ª y 3.ª conjugación (en **-er/-ir)** cambia a **-a.**

$$\left.\begin{array}{l} \textit{salir} \;—\; \textbf{sal} \\ \textit{tener} \;—\; \textbf{ten} \\ \textit{poner} \;—\; \textbf{pon} \\ \textit{venir} \;—\; \textbf{ven} \\ \textit{hacer} \;—\; \textbf{haz} \\ \textit{decir} \;—\; \textbf{di} \\ \textit{ir} \quad\;—\; \textbf{ve} \end{array}\right\}$$ (En estos casos se trata simplemente de suprimir la terminación del infinitivo, y en el caso del verbo *hacer,* cambia la **c** en **z**.)

Con respecto a la forma de confianza plural *(vosotros)* no hay excepciones, en la afirmativa, a la norma general dada para los verbos regulares (pág. 57).

b) Forma de respeto *(usted/ustedes):*

Las irregularidades de la 1.ª pers. sing. que se han estudiado en el capítulo del presente de indicativo[1] son válidas para formar el imperativo de respeto con un simple cambio de la vocal final $o \to a$ para los verbos en -er/-ir $\left(\text{tengo} \to \dfrac{\text{teng-a}}{\text{teng-an}}\right)$ y de $o \to e$ para los verbos en -ar $\left(\text{cierro} \to \dfrac{\text{cierr-e}}{\text{cierr-en}}\right)$.

Los dos únicos verbos que se apartan de esta forma son **dar** e **ir,** cuyas formas son:

	dar	**ir**
(usted)	dé	vaya
(ustedes)	den	vayan

La negativa del tratamiento de respeto se forma simplemente anteponiendo el adverbio *no* a la afirmativa:

dé	→ no dé
vuelvan	→ no vuelvan
hablen	→ no hablen
vaya	→ no vaya

---

[1] Véanse págs. 20 y sigs.

○ Sintaxis

① Usos básicos

a) El imperativo de respeto no se emplea mucho en su forma afirmativa[1] y suele ser sustituido, en ese caso, por fórmulas de ruego tales como:

¿Quiere(n) usted(es) + infinitivo?
¿Me hace(n) usted(es) el favor de + infinitivo?

o la estereotipada en el lenguaje hablado:

¿Me + 2.ª persona del presente + *por favor?*

Acompáñeme, por favor.
> *¿Me hace el favor de acompañarme?*
> *¿Quiere acompañarme, por favor?*
> *¿Me acompaña, por favor?*

¡Déjeme en paz!
> *¿Me hace el favor de dejarme en paz?*
> *¿Quiere dejarme en paz?*
> *¿Me deja usted en paz, por favor?*

b) No sucede lo mismo con el imperativo de confianza, cuyo empleo se ha incrementado debido a la extensión que el uso de *tú* y *vosotros* ha experimentado en el español peninsular.

¡Vete ahora mismo! ≠ *¡No te vayas!*
¡Hazlo así! ≠ *¡No lo hagas así!*
¡Coge el teléfono! ≠ *¡No cojas el teléfono!*

---

[1] El contexto lógicamente será de vital importancia a la hora de elegir entre el imperativo tradicional o su fórmula de ruego equivalente.

IV

Participio pasado y gerundio

1 Verbos regulares

hablar → habl-**ado**
comer → com-**ido**
temer → tem-**ido**

2 Verbos irregulares

Las irregularidades en la formación del participio pasado pueden integrarse en dos grupos:

1. Los que terminan en *-to*.
2. Los que terminan en *-cho*.

Se dan a continuación algunos ejemplos de participios de uso más

1. abrir — **abierto**
   cubrir — **cubierto**
   descubrir — **descubierto**
   escribir — **escrito**
   morir — **muerto**
   poner — **puesto**
   resolver — **resuelto**
   romper — **roto**
   ver — **visto**
   volver — **vuelto**

2. satisfacer — **satisfecho**
   decir — **dicho**
   hacer — **hecho**

① Usos básicos

Los usos básicos más destacables del participio pasado son dos: el *verbal* y el *adjetival*.

a) El uso verbal se da cuando el participio acompaña al verbo auxiliar *haber* para formar los tiempos compuestos (en este caso, el participio es invariable en género y número):

*Mi mujer **ha escrito** varias novelas.*
*Los niños **habían roto** los cristales.*

b) El uso adjetival se da cuando acompaña a un sustantivo, en cuyo caso debe concordar en género y número con él:

*Nuestra **querida** amiga está enferma.*
*Todas las puertas estaban **abiertas** [1].*

☐ Verbos regulares

Los verbos en **-ar** forman el gerundio añadiendo *-ando* a la raíz, y los verbos en **-er** y en **-ir** añadiendo *-endo:*

---

[1] En este caso funciona como atributo. Véase pág. 133, nota 1.

```
hablar   →  habl-ando
comer    →  com-iendo
escribir →  escrib-iendo
```

2 Verbos irregulares

A efectos prácticos, se pueden establecer tres grupos de irregularidades en la formación del gerundio:

a) Verbos que cambian la **-e-** radical del infinitivo en **-i-**:

corregir	— corrigiendo	
decir	— diciendo	
freír	— friendo	
pedir	— pidiendo	
repetir	— repitiendo	(Todos los verbos son de la 3.ª conjugación,
sentir	— sintiendo	excepto **ver**)
servir	— sirviendo	
venir	— viniendo	
ver	— viendo	
vestir	— vistiendo	

b) Verbos que cambian la **-o-** radical del infinitivo en **-u-**:

dormir — durmiendo
morir   — muriendo   } (Ambos verbos son de la 3.ª conjugación)

c) Verbos que cambian la **-i/e-** de la terminación en **-y-**:

caer	— cayendo	
construir	— construyendo	
creer	— creyendo	
destruir	— destruyendo	(Todos los verbos pertenecen a la 2.ª y 3.ª
huir	— huyendo	conjugaciones)
leer	— leyendo	
oír	— oyendo	
traer	— trayendo	

ir — yendo (se puede considerar como un caso especial).

① **Usos básicos**

Dos son los usos básicos del gerundio:

a) Para formar, con el verbo *estar,* la llamada «forma continua o progresiva» (véanse págs. 105 y 106).

Estaba midiendo la habitación.
¿Dónde estáis trabajando?
¿Qué estás haciendo?

b) Para formar, junto con verbos (normalmente de movimiento), las llamadas *frases* o *perífrasis verbales*[1].

*Mi cuñado **sigue buscando** trabajo.*
***Llevo viviendo** aquí tres años.*
***Andan diciendo** tonterías.*

---

[1] Véanse capítulos dedicados a las **Conjugaciones especiales** (págs. 104 y sigs.).

═══════ **EJERCICIOS** ═══════

CURSO INTENSIVO DE ESPAÑOL

Niveles de iniciación y elemental:

Morfología participio:
Verbos regulares: 218, 219, 406.
Verbos irregulares: 404, 405, 407, 410, 411.

Niveles elemental e intermedio:

Morfología gerundio:
Verbos regulares: 174.
Verbos irregulares: 175, 176.
Morfosintaxis: 177.
Sintaxis: 333, 334, 341, 342.

Morfología participio:
Verbos regulares: 106.
Verbos irregulares: 107, 108, 112, 113.

Niveles intermedio y superior:

Gerundio: 95.
Participio: 91, 92.
Infinitivo, gerundio, participio y la subordinación: 247.
(Véase forma continua y perífrasis verbales con infinitivo, gerundio y participio: pág. 95.)

V.1

Subjuntivo

☐ **Presente de subjuntivo**

1 **Verbos regulares**

	-ar (hablar)	**-er** (comer)	**-ir** (escribir)
singular	habl-**e** habl-**es** habl-**e**	com-**a** com-**as** com-**a**	escrib-**a** escrib-**as** escrib-**a**
plural	habl-**emos** habl-**éis** habl-**en**	com-**amos** com-**áis** com-**an**	escrib-**amos** escrib-**áis** escrib-**an**

2 **Verbos irregulares**

Las irregularidades que afectan al presente de subjuntivo, como al presente de indicativo, pueden clasificarse en tres grupos:

a) Irregularidad común (afecta por igual a grupos de verbos).

b) Cambios ortográficos (las irregularidades se limitan a la ortografía, no a la pronunciación).

c) Irregularidad propia (afecta sólo a verbos específicos).

Norma práctica.—Para formar las personas del presente de subjuntivo se parte normalmente de la *primera persona del presente de indicativo,* excepto para la 1.ª y 2.ª del plural. Es decir, que las irregularidades en la raíz del presente de indicativo afectan también al presente de subjuntivo.

pres. ind.		pres. subj.
piens-*o*	≠	piens-*e*
piens-*as*	≠	piens-*es*
piens-*a*	≠	piens-*e*
pens-*amos*	≠	pens-*emos*
pens-*áis*	≠	pens-*éis*
piens-*an*	≠	piens-*en*

Excepciones:

a) Los verbos en **-ir** que tienen vocal radical **-e-,** cambian esta **-e-** en **-i-** en la 1.ª y 2.ª personas del plural:

> mienta — mientas — mienta — m[i]ntamos — m[i]ntáis — mientan

Los verbos *dormir* y *morir* cambian la **-o-** radical en **-u-** en la 1.ª y 2.ª personas del plural:

> m[u]ramos — m[u]ráis
> d[u]rmamos — d[u]rmáis

El verbo *jugar* mantiene la **-u-** radical en la 1.ª y 2.ª personas del plural:

> juguemos — juguéis

b) Los verbos *dar, haber, ir, saber* y *caber* forman el presente de subjuntivo de manera totalmente irregular, pero *la irregularidad de la 1.ª persona* se mantiene en todas las restantes:

dar →	*dé — des — dé — demos — déis — den*
haber →	*haya — hayas — haya — hayamos — hayáis — hayan*
ir →	*vaya — vayas — vaya — vayamos — vayáis — vayan*
saber →	*sepa — sepas — sepa — sepamos — sepáis — sepan*
caber →	*quepa — quepas — quepa — quepamos — quepáis — quepan*

67

☐ Imperfecto de subjuntivo

El imperfecto de subjuntivo presenta la particularidad *única* dentro del sistema verbal español de poseer dos terminaciones distintas por cada persona sin ningún cambio de significado, quedando prácticamente circunscritas las formas **ase/iese** al español peninsular.

1 Verbos regulares

	-ar (hablar)	-er (comer)	-ir (escribir)
singular	habl-**ara/ase** habl-**aras/ases** habl-**ara/ase**	com-**iera/iese** com-**ieras/ieses** com-**iera/iese**	escrib-**iera/iese** escrib-**ieras/ieses** escrib-**iera/iese**
plural	habl-**áramos/ásemos** habl-**arais/aseis** habl-**aran/asen**	com-**iéramos/ iésemos** com-**ierais/ ieseis** com-**ieran/iesen**	escrib-**iéramos/ iésemos** escrib-**ierais/ ieseis** escrib-**ieran/ iesen**

2 Verbos irregulares

La norma práctica que debe tenerse en cuenta en la formación de este tiempo es que, así como el presente de subjuntivo se forma a partir de la primera persona del presente de indicativo, el pretérito imperfecto de subjuntivo se forma normalmente a partir de la *tercera persona singular del pretérito indefinido*[1]:

(3.ª p. sing. pret. ind)	(pret. imp. subj.)
(andar) anduvo	→ *anduviera/iese*
(dormir) durmió	-- *durmiera/iese*
(mentir) mintió	→ *mintiera/iese*
(caber) cupo	→ *cupiera/iese*

---

[1] Caso especial es el del verbo *hacer* y sus derivados, que cambia la **-z-** de 3.ª pers. por **-c-**: *hizo* → *hiciera/hiciese.*

Excepciones:

a) Los verbos que tienen **-y-** o **-j-** en la 3.ª persona singular del pretérito indefinido añaden las terminaciones **-era/-ese** en lugar de **-iera/-iese.**

(construir)	*construyó*	→ *construyera/ese*
(huir)	*huyó*	→ *huyera/ese*
(decir)	*dijo*	→ *dijera/ese*
(traducir)	*tradujo*	→ *tradujera/ese*

b) Los verbos **ser** e **ir** también forman el imperfecto de subjuntivo añadiendo **-era/-ese,** y la forma para ambos es la misma:

> **fuera/fuese**

☐ **Tiempos compuestos del subjuntivo** [1]

1 **Pretérito perfecto**

Este tiempo se forma añadiendo al presente de subjuntivo del verbo **haber** el participio pasado del verbo que se conjuga:

haya
hayas
haya
hayamos } **hablado/comido/escrito**
hayáis
hayan

2 **Pretérito pluscuamperfecto**

Se forma añadiendo al pretérito imperfecto de subjuntivo del verbo **haber** el participio pasado del verbo que se conjuga:

hubiera/hubiese
hubieras/hubieses
hubiera/hubiese
hubiéramos/hubiésemos } **hablado/comido/escrito**
hubierais/hubieseis
hubieran/hubiesen

---

[1] Hay también las formas *hablare* y *hubiere hablado,* que corresponden a los futuros imperfecto y perfecto de subjuntivo, respectivamente, y que sólo se emplean en lenguaje administrativo arcaizante.

CURSO INTENSIVO DE ESPAÑOL

Niveles elemental e intermedio:

Morfología:
Verbos regulares: 119.
Verbos de irregularidad común: 120, 121.
Verbos de cambio ortográfico: 122.
Verbos de irregularidad propia: 123, 126, 134, 135.
Miscelánea: 128, 129, 133, 281.
Morfosintaxis: 127, 136, 327.
Morfología: 63.

Niveles intermedio y superior:

Morfología: 53.
Morfosintaxis: 54.

V.2

Oración simple y compuesta

El empleo de los tiempos de subjuntivo va íntimamente unido a la sintaxis de la oración compuesta y su contraste con la oración simple. Hasta tal punto es así que sin un conocimiento básico de estos tipos de oraciones es prácticamente imposible comprender en su totalidad el funcionamiento del subjuntivo en español.

Entendemos por *oración simple* aquella que se caracteriza por tener un verbo conjugado y por su independencia sintáctica respecto al resto del discurso. La frase

> *Me levanto temprano*

participa de ambas condiciones: *a)* verbo conjugado, *b)* independencia sintáctica; es decir, que

> *Me **levanto** temprano*

forma una unidad independiente y cerrada en sí misma.

El tipo de verbo de las oraciones simples es *principal* y va en indicativo normalmente por referirse a acciones reales y experimentadas.

La *oración compuesta,* en cambio, se caracteriza por tener dos o más verbos conjugados que pueden ir unidos entre sí por unos nexos o elementos de enlace a los que daremos el nombre genérico de *partículas*[1]. Estos verbos conjugados pueden ser de dos clases: *principales* y *dependientes* o *subordinados*[2]. Estos últimos son los únicos que se pueden construir en subjuntivo por referirse a acciones no realizadas, no experimentadas.

---

[1] Dentro del término *partícula* englobamos la palabra o grupo de palabras cuya función es unir frases u oraciones. Es decir, las conocidas tradicionalmente como *conjunciones* o palabras que desempeñan esa función.

[2] Entiéndase que las definiciones de oración simple y compuesta y de verbo principal y dependiente son puramente funcionales y siguen un criterio pedagógico.

*Quiero   que te **levantes**   temprano.*

Quiero expresa una acción *real,* mientras que **levantes** se refiere a una acción futura y, por lo tanto, no realizada, no experimentada.

Hay tres clases de oraciones compuestas:

a) Yuxtapuestas (indicativo).
b) Coordinadas (indicativo).
c) Subordinadas (indicativo/subjuntivo).

a) Las oraciones *yuxtapuestas* están formadas normalmente por verbos principales (indicativo) y se caracterizan por carecer de nexos o elementos de enlace entre sí. Se trata, en realidad, de una sucesión de oraciones simples.

Hace *siempre lo mismo,* **se levanta, desayuna, va** *al trabajo,* etc.

b) Las oraciones *coordinadas,* como las yuxtapuestas, están formadas generalmente por verbos principales (indicativo), pero se diferencian de las yuxtapuestas porque se unen entre sí mediante partículas.

Entraron *y no* **preguntaron** *nada.*

Hay cuatro clases de oraciones coordinadas que se diferencian por la partícula que enlaza sus respectivos verbos u oraciones:

1. Copulativas (partículas: *y/e* [1], *ni*).
2. Adversativas (partículas: *pero, sino, sin embargo*).
3. Disyuntivas (partículas: *o/u*) [1].
4. Distributivas (partículas: *ya... ya; aquí... allí; unos... otros,* etc.).

   1. *Ni* **vinieron,** *ni* **llamaron** *por teléfono.*
   2. *Yo la* **quiero,** *pero ella no me* **quiere.**
   3. *O* **vienes** *o te* **quedas.**
   4. *Unos* **venían,** *otros se* **iban.**

---

[1] Las partículas **y** y **o** se convierten en **e** y **u**, respectivamente, cuando las palabras que siguen empiezan por esos mismos sonidos *(i, hi, o, ho).*

Padres **e** *hijos.*
Minutos **u** *horas.*
Unos **u** *otros.*
Europeos **e** *indios.*

c) Las oraciones *subordinadas* o *dependientes* son las únicas, entre las compuestas, que pueden emplear con regularidad el modo subjuntivo y se caracterizan por estar formadas por un verbo principal (indicativo) y por uno, dos o más verbos dependientes que carecen, como su nombre indica, de independencia y autonomía propias[1]; es decir, *dependen* del verbo principal. Estos verbos subordinados pueden ir tanto en indicativo como en subjuntivo.

Hay tres clases de oraciones subordinadas:

1. Sustantivas (personales e impersonales)[2].
2. Adverbiales.
3. Adjetivas o de relativo.

    1. *Quiero que vengas.* (sustantiva personal)
       Es una pena que no llueva. (sustantiva impersonal)
    2. *Cuando le vea se lo diré.* (adverbial)
    3. *El coche que tengo gasta poca gasolina.* (adjetiva o de relativo)

Esquemas

1. Sustantivas:

$$\text{v. principal} + que + \text{v. depend.} \begin{cases} \text{ind.} \\ \text{subj.} \end{cases}$$

2. Adverbiales:

$$\text{v. principal} + \text{partícula subordinante} + \text{v. depend.} \begin{cases} \text{ind.} \\ \text{subj.} \end{cases}$$

3. Adjetivas:

$$\text{v. princ.} + \begin{cases} \text{nombre} \\ \text{pronombre} \end{cases} + \begin{cases} \text{pron. relativo} \\ \text{adv. relativo} \end{cases} + \text{v. depend.} \begin{cases} \text{ind.} \\ \text{subj.} \end{cases}$$

---

[1] La palabra subjuntivo viene del vocablo latino *subyungere* (bajo el yugo).
[2] La explicación detallada de estos tres tipos de oraciones aparece en las págs. 75 y sigs.

SÍNTESIS DIDÁCTICA

a) Las oraciones yuxtapuestas y coordinadas están formadas por verbos principales y emplean normalmente el indicativo.

b) Las oraciones subordinadas están formadas por verbos subordinados o dependientes y son las únicas entre las compuestas que pueden usar regularmente el modo subjuntivo.

V.3

Oración sustantiva

La primera de las oraciones subordinadas, la oración sustantiva, presenta el siguiente esquema en sus dos divisiones, la personal[1] y la impersonal:

1. Subordinada sustantiva personal:

$$\text{v. principal} + que + \text{v. dependiente} \begin{cases} \text{ind.} \\ \text{subj.} \end{cases}$$

*Dice que **vive** aquí.*
*Me alegro de[2] que me **acompañes**.*
*Decidieron que no **fuéramos**.*

2. Subordinada sustantiva impersonal:

$$\begin{matrix} \text{v. principal} + que + \text{v. dependiente} \\ \text{(en 3.ª pers. sing.)} \end{matrix} \begin{cases} \text{ind.} \\ \text{subj.} \end{cases}$$

*Es importante que lo **averigüen**.*
*Está claro que no me **ha reconocido**.*
*Es lógico que **estén** enamorados.*

---

[1] La llamamos *personal* porque, a pesar de admitir también sujetos de animal o cosa, la distinguimos de esta manera de la impersonal propiamente dicha.
[2] Si el verbo principal rige preposición, ésta precede siempre a la partícula *que*.

① Oración sustantiva personal

Los criterios de uso para las sustantivas personales son los siguientes:

a) Cuando el sujeto del verbo principal *influye* o trata de influir de algún modo en el sujeto del verbo dependiente, el verbo dependiente va en subjuntivo.

*(Yo) necesito que (tú) me **ayudes.***
*(Yo) te aconsejo que (tú) le **hagas** caso.*
*(Él) dice que (nosotros) nos **quedemos** en casa.*

b) Cuando el sujeto del verbo principal ni influye ni trata de influir sobre el sujeto del verbo dependiente, sino que solamente *constata* un hecho, el verbo dependiente va en indicativo.

*(Yo) veo que (tú) me **aprecias.***
*(Ella) dice que sus amigas la **han abandonado.***
*(Nosotros) creemos que (ustedes) **tienen** razón.*

c) Cuando el verbo principal, cuyo sujeto *constata* un hecho, *va en forma negativa,* el verbo dependiente se construye normalmente en subjuntivo.

*No veo que me **aprecies.***
*No dice que sus amigas la **hayan abandonado.***
*No creemos que **tengan** ustedes razón.*
*No me **acuerdo** de que me lo **dijeras.***

d) Cuando el sujeto del verbo principal ni *influye* ni *constata* un hecho, sino que *reacciona* positiva o negativamente ante la acción realizada por el sujeto del verbo dependiente, el verbo dependiente va en subjuntivo.

*Siento mucho que Marta **esté** enferma.*
*¿Te sorprende que **estemos** aquí?* [1]
*Le fastidia que le **griten.***

---

[1] Los verbos tipo *sorprender, gustar,* etc., que sintácticamente son impersonales, semánticamente equivalen a verbos cuyo sujeto es una persona y, por tanto, los incluimos en este apartado de sustantivas personales. *¿Te **sorprende** que estemos aquí?* equivale a: *¿**Estás sorprendido** de que estemos aquí?*

② Oración sustantiva impersonal

Los criterios de uso para las sustantivas impersonales son los siguientes:

a) La *inmensa mayoría* de las oraciones impersonales llevan subjuntivo en la oración dependiente, porque expresan *juicios de valor*.

- *Es necesario que **sigas** las instrucciones.*
- *Es hora de que se **levante** usted.*
- *Más vale que se **vaya** ahora.*
- *Basta que **estés** allí a tiempo.*

b) Un *reducido grupo* de oraciones impersonales rige *indicativo en las formas afirmativa e interrogativa*, y *subjuntivo en la negativa*, siguiendo la norma general dada para las sustantivas personales (apartado 1, *c*), porque en español se consideran puras constataciones. Algunas de estas expresiones impersonales son:

Es evidente que	*No cabe duda de que*
Está claro que	*Menos mal que*
Es cierto que	*Es que*
Es verdad que	*Sucede (ocurre) que*
(Es) seguro que	*Conste que*
Resulta que	*Parece que*
Es indudable que	*Está demostrado que*
Es indiscutible que	*Es palpable que*

Dentro de este grupo también se incluyen todas las formas impersonales[1] tipo: *se dice que, se rumorea que, se oye que,* etc.

*Es cierto que **viven** mal.*	≠ *No es cierto que **vivan** mal.*
*(Es) seguro que **llegan** mañana.*	≠ *No es seguro que **lleguen** mañana.*
*Se rumorea que **subirá** el petró- leo.*	≠ *No se rumorea que **suba** el petróleo.*
*Parece que se **llevan** bien.*	≠ *No parece que se **lleven** bien.*
*Se nota que **es** francés.*	≠ *No se nota que **sea** francés.*

③ Correspondencia de tiempos en la oración sustantiva

En español la tendencia más *normal* con respecto a la relación temporal entre el verbo principal y el dependiente es:

---

[1] Véase pág. 102.

1. Con verbos de *influencia, reacción* y *constatación negativa.*

> v. principal en pres. $\Big\}$ +*que*+ $\Big\{$ v. dependiente en pres.
> y fut. imp. de ind. de subj.

Necesito $\Big\}$ *que me **ayudes**.*
Necesitaré

Me gusta $\Big\}$ *que nos **visites**.*
Me gustará

2. Verbos de *influencia, reacción* y *constatación negativa.*

> v. princ. en pret. imp., indefinido $\Big\}$ +*que*+ $\Big\{$ v. dependiente en
> y condicional imp. pret. imp. de subj.

Decía $\Big\}$
Dije $\Big\}$ *que me **ayudaras**.*
Diría $\Big\}$

Me gustaba $\Big\}$
Me gustó $\Big\}$ *que nos **visitaras**.*
Me gustaría $\Big\}$

No pensaba $\Big\}$
No pensé $\Big\}$ *que **estuvieras** allí.*
No pensaría $\Big\}$

♂ **Síntesis didáctica**

a) El verbo principal es el factor decisivo que condiciona el uso del indicativo o subjuntivo en las oraciones sustantivas.

b) Cuando el sujeto del verbo principal es el mismo que el del verbo dependiente, lo *normal* es emplear el infinitivo, tanto en las sustantivas personales como en las impersonales.

*Queremos **comer** cuanto antes.*
*Es fundamental **aprender** estas normas.*
*Les encanta **dormir**.*

c) En español existen algunos verbos que, dependiendo del contexto en que se encuentren, *influyen, reaccionan* o *constatan* un hecho. El empleo del indicativo o del subjuntivo dependerá del contexto en que se encuentren.

(influencia)	(constatación)
Dice que lo hagamos bien.	≠ *Dice que llegamos tarde todos los días.*
(reacción)	(constatación)
Siento que esté aquí.	≠ *Siento que está aquí.*
(influencia)	(constatación)
Se empeñó en que nosotros pagáramos la cuenta	≠ *Se empeñó en que no habíamos pagado la cuenta.*
(influencia)	(constatación)
Te recuerdo que me llames temprano.	≠ *Recuerdo que me llamaba temprano.*

d) Las excepciones a las reglas generales aquí dadas son poco frecuentes[1]. Se limitan a:

1. Los verbos *advertir, darse cuenta* y *saber* en la forma negativa del presente.

   Él no se da cuenta de que está equivocado.
   Nadie sabe que vivo aquí.

2. Los imperativos negativos de los verbos de *constatación* (verbos de lengua y actividades mentales).

   No creas que me engañas.
   No digan ustedes que son de aquí.
   No niegues que lo has hecho.

3. Las llamadas *oraciones interrogativas indirectas*, que rigen indicativo.

   No sé qué hacen ahora.
   No nos explicó qué había ocurrido.
   No dijeron dónde vivían.

---

[1] Hay, en cambio, *neutralizaciones* (indiferencia de uso) sobre todo en las constataciones negativas, pero creemos que el alumno debe ceñirse a la norma general.
No creo que estuviera/estaba allí.

No **saben** *cuándo se* **casan.**
No **preguntó** *quiénes* **eran.**
No **sabía** *si* **era** *malo o bueno.*

4. *El hecho de que* rige normalmente subjuntivo.

El hecho de que **venga** *a vernos es muy significativo.*
(El hecho de) que **comas** *poco te ayuda a no engordar.*

═══ EJERCICIOS ═══
CURSO INTENSIVO DE ESPAÑOL

Niveles elemental e intermedio:

Oración sustantiva: 140, 141, 155, 156, 281, 282, 283, 284, 285, 290, 291, 292, 293.
Alternancia infinitivo/oración sustantiva: 329.
Miscelánea: 310, 328.

Niveles intermedio y superior:

Oración sustantiva: 54.
Miscelánea: 16, 55, 56.
Con verbos que admiten ambos modos: 59.
Recopilación: 60, 275.

V.4

Oración adverbial

① La segunda de las oraciones subordinadas, la oración adverbial, presenta el siguiente esquema:

$$\text{v. principal} + \left\{ \begin{array}{c} \text{partícula} \\ \text{subordinante} \end{array} \right\} + \text{v. dependiente} \left\{ \begin{array}{l} \text{ind.} \\ \text{subj.} \end{array} \right.$$

Entraré **cuando entren** *los demás.*
No lo creeré **aunque** *lo* **vea** *con mis propios ojos.*
Regamos las plantas **para que crezcan.**
Voy a todos los estrenos **a menos que esté** *ocupado.*
Siempre le hacemos caso **porque sabe** *de qué habla.*
Como hace *frío, voy a encender la calefacción.*

② **Clases de partículas adverbiales**

1. *Temporales:* cuando, cada vez que, en cuanto, apenas, hasta que, antes de que, después de que, tan pronto como, desde que, a medida que, siempre que, mientras, nada más que, etc.

2. *Concesivas:* aunque, a pesar de que, y eso que, por mucho que, por más+adj.+que, por más+adv.+que, así, etc.
3. *Finales:* para que, a fin de que, no sea que, etc.
4. *Condicionales:* si, con (tal de) que, a no ser que, a menos que, siempre que, mientras, como, etc.
5. *Causales* y *consecutivas:* porque, como, puesto que, ya que, así que, por eso, de modo que, etc. [1].

Grupo A: Partículas que admiten ambos modos:

   1. Temporales.
   2. Concesivas.
   3. La condicional *si.*

Grupo B: Partículas que sólo admiten subjuntivo:

   1. Finales.
   2. Condicionales (excepto *si*)[2].

Grupo C: Partículas que sólo admiten indicativo:

   1. Causales y consecutivas.

---

③ **Criterios de uso**

  I. Criterios de uso para las partículas temporales:

    a) Cuando la acción expresada por el verbo dependiente es *experimentada,* es decir, ha tenido lugar, el verbo dependiente va en indicativo.

      *Siempre entramos cuando **entran** los demás.*
      *Hasta que no la **veo** no estoy tranquila.*

    b) Cuando la acción expresada por el verbo dependiente no es expe-

---

[1] Las llamadas partículas modales: *como, de modo que,* etc., las incluimos, por razones didácticas, en la oración adjetiva (véanse págs. 87 y sigs.). Adviértase también que las partículas incluidas en el presente cuadro son las que consideramos más representativas.
[2] La partícula condicional *si,* por sus características especiales, se trata aparte. Véanse páginas 85 y 86.

rimentada, sino *anticipada* (futura, no ha tenido lugar), el verbo dependiente va en subjuntivo.

*Entraremos cuando **entren** los demás.*
*Hasta que no la **vea** no estaré tranquila.*

II. Criterios de uso para las partículas concesivas:

a) Cuando la acción expresada por el verbo dependiente es, para el hablante, *experimentada,* el verbo dependiente va normalmente en indicativo.

*Aunque Raquel **trabaja** mucho, gana poco dinero.*
*Aunque **llegamos** tarde, nadie se dio cuenta.*

b) Cuando la acción expresada por el verbo dependiente es, para el hablante, *no experimentada,* el verbo dependiente va normalmente en subjuntivo.

*Aunque Raquel **trabaje** mucho, gana poco dinero.* (el hablante, en este caso, no tiene experiencia personal de que *Raquel trabaje mucho*)
*Yo la quiero, aunque ella no me **quiera** a mí.* (a veces, como en este caso, aunque el hablante tenga *experiencia* de la acción expresada por el verbo dependiente, le conviene presentarla como *no experimentada*)

III. El resto de las partículas adverbiales, con escasísimas excepciones, o admiten sólo subjuntivo (caso de las finales y condicionales) o sólo indicativo (caso de las causales y consecutivas), por lo que carecen de especial dificultad.

*Le hago esta observación para que **sepa** a qué atenerse.* (final)
*Con (tal de) que lo **traigas** mañana es suficiente.* (condicional)
*Como **tenemos** prisa, cogeremos un taxi.* (causal)
*Cogeremos un taxi porque **tenemos** prisa.* (causal)
*Teníamos prisa, por eso **cogimos** un taxi.* (consecutiva)

④ **Casos especiales**

a) Las fórmulas concesivas *por* + adjetivo + *que...* y *por* + adverbio + *que...* y la locución concesiva *por poco que* van seguidas normalmente de subjuntivo.

83

*Por listos que **sean**, no me engañarán.*
*Por lejos que **vivan**, los encontraré.*
*Por poco que **comas**, engordarás.*

b) La partícula *como*[1] puede ser *condicional*, en cuyo caso rige subjuntivo, o *causal*, rigiendo entonces indicativo, en consonancia con la regla general. Cuando es *causal*, encabeza la frase.

| ¡Como te **burles** de mí | | me enfado contigo! | (condicional) |

*Como te **burlas** de mí me enfado contigo.* (causal)

c) *Siempre que* puede ser *temporal* o *condicional*, dependiendo del contexto en que se encuentre.

*Siempre que **recibo** una carta, la contesto.* (temporal)
*Todo resultará bien, siempre que **sigas** mi consejo.* (condicional)

d) *Mientras (que)* puede ser *temporal* o *condicional*. En ambos casos sigue la norma general.

*Mientras **estudio** no me gusta que me distraigan.* (temporal)
*Te apoyaré mientras **tengas** razón.* (condicional)

e) *Sin que* rige siempre subjuntivo.

*Me fui sin que nadie **se diera cuenta**.*
*Lo hicimos sin que ellos nos **ayudaran**.*

SÍNTESIS DIDÁCTICA

a) La conjunción o partícula subordinante es el factor que condiciona el empleo del indicativo o subjuntivo en las oraciones adverbiales.
b) Las excepciones a las reglas para los distintos tipos de adverbiales son mínimas.
c) Existen partículas con distintos valores dentro de la oración adverbial. El criterio a seguir dependerá, una vez más, del contexto en que se encuentren.

---

[1] Para el *como* relativo, véanse págs. 87, 192, 193 y 205.

⑤ *Si* condicional

Esta partícula se trata aparte porque presenta un comportamiento distinto al resto de las condicionales, ya que puede funcionar con ambos modos: indicativo y subjuntivo.

a) *Criterios de uso*

1. Cuando la acción expresada por el verbo dependiente es *experimentada en el pasado y probable o posible de ser realizada en el presente y futuro,* el verbo dependiente va en indicativo.

   *Si le **llamé**, fue porque no tenía noticias suyas.*
   *Si le **llamo**, tendré noticias suyas.*

   En el primer ejemplo, *llamé* expresa una acción experimentada, que tuvo lugar. En el segundo ejemplo, *llamo* se refiere a una acción futura, posible o probable de realización.

2. Cuando la acción expresada por el verbo dependiente *no es experimentada en el pasado e improbable o imposible de ser realizada en el presente o futuro,* el verbo dependiente va en subjuntivo.

   *Si **hubiera venido** aquel día, se lo habría dicho.* (acción no realizada, no experimentada en el pasado)
   *Si le **llamara**, tendría noticias suyas.* (acción improbable o imposible de realización en el presente)

b) *Contrastes*

   *Si **trabajas**, **ganarás** dinero.* ≠ *Si **trabajaras**, **ganarías** dinero.*
   *Si se **quieren**, se **casarán**.* ≠ *Si se **quisieran**, se **casarían**.*
   *Si le **veo**, se lo **digo**[1].* ≠ *Si le **viera**, se lo **diría**.*

De estos contrastes se deduce lo siguiente:

1. Que ambas acciones están vistas desde la perspectiva del presente. Las de la izquierda se refieren a situaciones probables o posibles de ser realizadas; las de la derecha, a situaciones improbables o imposibles de realización.
2. El contraste de probabilidad ≠ improbabilidad de realización se expresa mediante el empleo de la correlación *presente de indicati-*

---

[1] Este presente, *digo*, tiene valor de futuro.

vo... futuro imperfecto para la probabilidad, y *pretérito imperfecto de subjuntivo... condicional simple* para la improbabilidad.

1. *Si* admite indicativo o subjuntivo a diferencia del resto de las condicionales.
2. *Si* sólo puede ir seguida de pretérito imperfecto o pluscuamperfecto de subjuntivo. En el resto de los tiempos sólo admite el indicativo.
3. *Por si* se construye normalmente en indicativo.
4. *Como si* va siempre seguido del pretérito imperfecto o pluscuamperfecto de subjuntivo.

EJERCICIOS

CURSO INTENSIVO DE ESPAÑOL

Niveles elemental e intermedio:

Sintaxis:
Oraciones temporales: 142, 161, 252, 253, 269, 328.
Oraciones concesivas: 143, 162.
Oraciones finales: 147.
Oraciones condicionales: 148, 307.
Oraciones causales y consecutivas: 163.
Oraciones temporales y concesivas: 298, 299, 300.
Oraciones sustantivas, temporales y concesivas: 301.
Oraciones finales y condicionales: 306.
Correspondencia de tiempos: 301, 308.
La partícula condicional **si**: 307, 308, 309.
Si con valor sustantivo, condicional, etc.: 310.
Miscelánea: 127, 136, 327, 328.

Niveles intermedio y superior:

Oración adverbial:
Miscelánea: 64, 65, 66, 69.
Condicional **si**: 70, 81.
Casos especiales: 71, 234, 238, 246, 329, 330, 331.
Con **porque** y **que** (en función concesiva, causal o final): 242.

V.5

Oración adjetiva

① El tercer tipo de oraciones subordinadas, la oración adjetiva o de relativo, presenta dos únicas estructuras:

1.

oración principal	+	*que* u otros pronombres relativos[1]	+verbo dependiente	ind. subj.

Los regalos **que** *nos* **hicieron** *eran demasiado caros.*
Busco una casa **que** **sea** *cómoda.*
Hizo lo **que** *le* **apetecía.**
Los **que** **estudian,** *aprenden.*
Cualquier cosa **que** *le regales,* **estará** *bien.*
Cualquiera **que** **venga** *será bien recibido.*

2.

oración principal	+adverbio relativo[2]+verbo dependiente	ind. subj.
	(como)	
	(donde)	
	(cuanto)	

---

[1] En las oraciones adjetivas los pronombres y adverbios relativos realizan la misma función que las conjunciones o partículas en el resto de las oraciones subordinadas.

[2] *Cuando* y *según* también pueden funcionar como adverbios relativos.

El domingo es **cuando** *me voy.*
Lo recibirá **según** *venga vestido.*

*Maribel vive **como quiere.***
*Dormiremos **donde podamos.***
*Lo haré **como** me **digas.***
*Dormimos **donde pudimos.***

② En las oraciones adjetivas hay que destacar dos conceptos básicos:

a) El elemento de relación entre el verbo principal y el dependiente no es la conjunción *que,* como en las oraciones sustantivas, ni una partícula temporal, concesiva, etc., como en las adverbiales, sino un *pronombre o adverbio relativos (que, el que, la que, los que, quien, como, donde, cualquiera que, lo que,* etc.).

b) El concepto de *antecedente,* es decir, la persona, animal o cosa a que se refiere el relativo.

El chico que quiere mi hija es alemán.

(El antecedente, en este ejemplo, es *el chico,* la persona a la que se refiere el pronombre relativo *que.*)

③ **Criterios de uso**

a) Cuando *el antecedente* del pronombre o adverbio relativos es *experimentado* o *específico,* el verbo dependiente va en indicativo.

*Los regalos que nos **hicieron** eran demasiado caros.*
*Me han gustado **todos los que** [1] **he visto.***
*Maribel vive **como quiere.***

Los antecedentes de estas oraciones, es decir, *los regalos, países,* etcétera, y *la manera/forma en la que, son experimentados o específicos para la persona que habla* y exigen, por tanto, indicativo en el verbo dependiente.

b) Cuando *el antecedente* del pronombre o adverbio relativos *no es, para el hablante, experimentado o específico,* el verbo dependiente va en subjuntivo.

*Los regalos que nos **hagan** serán demasiado caros.*

---

[1] En este ejemplo el antecedente del relativo «los que» no está explícito y sólo el contexto en que se emplee podrá aclararlo.

Maribel *vivirá como* **quiera.**
Me gustarán todos los (países) que **visitemos.**

En ambos ejemplos, tanto *regalos* como *la manera/forma en la que viva Maribel*, no son, para el hablante, específicos o experimentados y, por consiguiente, llevan verbo dependiente en subjuntivo.

c) Cuando el hablante *niega el antecedente* del pronombre relativo, niega lógicamente su existencia, por lo que el verbo dependiente va en subjuntivo.

Aquí no hay **ni una persona** *que* **sepa** *escribir.*
No conozco **nada** *que me* **duela** *tanto como la injusticia.*
No había **nadie** *que* **quisiera** *divertirse.*

Tanto *ni una persona* como *nada* y *nadie* son antecedentes negativos; no existen para el hablante y, en consecuencia, no son experimentados ni específicos.

④ **Contrastes**

(antecedente específico)   (antecedente no específico)

Hágalo **como quiere.**   ≠ *Hágalo* **como quiera.**
Hablan de **lo que saben.**   ≠ *Hablarán de* **lo que sepan.**

(antecedente específico)   (negación de antecedente)

Conozco **un chico** *que te* **puede** *ayu-* ≠ *No conozco* **ningún chico** *que te* **pueda**
dar.   *ayudar.*
Aquí hay **alguien** *que te* **pueda** *ayu-* ≠ *Aquí no hay* **nadie** *que te* **pueda** *ayu-*
dar.   *dar.*

SÍNTESIS DIDÁCTICA

a) El concepto de *antecedente* es el factor fundamental para el uso del indicativo o del subjuntivo en las subordinadas adjetivas.

b) El *contexto* en que se encuentren estas oraciones es, junto con el antecedente, el otro factor decisivo en lo que a empleo del indicativo o subjuntivo se refiere.

EJERCICIOS

CURSO INTENSIVO DE ESPAÑOL

Niveles elemental e intermedio:

Oración adjetiva (sintaxis): 149, 167, 314, 315, 355, 356.
Miscelánea: 127, 136, 169, 321, 322, 323, 348, 349, 350, 354.

Niveles intermedio y superior:

Oración adjetiva: 74, 136, 137.
Casos especiales: 75, 234, 243, 280, 282.

V.6

Oración independiente

① Concepto y función

En los apartados anteriores se ha estudiado el empleo del indicativo y del subjuntivo en la oración subordinada. En éste se analiza el comportamiento de ambos modos en la oración independiente, entendiendo como tal la normalmente simple, cuyo verbo principal puede ir en subjuntivo.

② Clases y criterios de uso

Hay tres clases de oraciones independientes:

1. Las que expresan *órdenes* o mandatos.
2. Las que expresan *duda.*
3. Las que expresan *deseos.*

1. *Órdenes o mandatos*

El ejemplo más elemental y más importante de todos los que pertenecen a esta primera clase es *el uso del presente de subjuntivo para el imperativo negativo en todas sus formas y para las afirmativas correspondientes a usted, ustedes y nosotros.*

Hazlo pronto ≠ *No lo **hagas** pronto.*
*¡**Guardad** silencio!*
*¡**Guarden** silencio!*
*¡**Venga** usted cuando le llamen!*
*No **juguéis** aquí.*

2. *Dudas*

La expresión de la duda en el español contemporáneo admite ambos modos sin que ello implique diferencia relevante en su significado, limitándose a una mayor o menor seguridad dentro de la duda.

(más seguridad)   (menos seguridad)
*Tal vez **viven** aquí.*   ≠ *Tal vez **vivan** aquí.*
*Quizá(s) lo **saben**.*   ≠ *Quizá(s) lo **sepan**.*
*Probablemente las **conocen**.* ≠ *Probablemente las **conozcan**.*

A este respecto, hay que hacer notar que las expresiones dubitativas más empleadas en la lengua hablada, es decir, *a lo mejor, seguramente* y *puede que,* van sistemáticamente en indicativo las dos primeras, y en subjuntivo la segunda, dependiendo el uso de unas expresiones u otras de la predilección del hablante.

*A lo mejor **tenemos** suerte. ~ Puede que **tengamos** suerte. ~ Seguramente **tendremos** suerte.*
*Puede que **estuviera** enamorada. ~ A lo mejor **estaba** enamorada. ~ Seguramente **estaba** enamorada.*

3. *Deseos*

El deseo en español se expresa sistemáticamente en subjuntivo y sus formas más comunes son *¡ojalá!* y *¡quién!* Esta última sólo se emplea en el pretérito imperfecto y pluscuamperfecto de subjuntivo:

*¡Ojalá **lleguemos** a tiempo!*[1]
*¡Quién **fuera** millonario!*
*¡Ojalá **tenga** usted suerte!*
*¡Ojalá **estuviera** de vacaciones!*
*¡Quién **tuviera** veinte abriles!*
*¡Así **llueva** y se les **agüe** la fiesta!*

---

[1] *¡Ojalá!*, seguido de presente de subjuntivo, expresa un deseo posible de realización, mientras que seguido de un imperfecto de subjuntivo expresa la improbabilidad o imposibilidad de que el hecho se realice.

Existe además un tipo de oraciones que, con apariencia de independientes, por tener normalmente sólo un verbo, son oraciones sustantivas, adverbiales o adjetivas en las que hay una elipsis del verbo principal, de la partícula o del relativo. A estas oraciones las llamaremos **seudoindependientes** y pueden ser:

A) Sustantivas que expresan:

a) Deseos:

*(Espero) ¡Que **descanses**!*
*(Espero) ¡Que **aproveche**!*
*(Espero) ¡Que **tengas** suerte!*

b) Órdenes y amenazas:

*(Dígale) ¡Que **venga** cuando quiera!*
*(Quiero) ¡Que **estén** aquí a tiempo!*
*(Diles/Quiero) ¡Que **paguen** y se **marchen**!*

c) Impaciencia, sorpresa e indignación:

*(Será posible) ¡Que **sean** tan aburridos!* (impaciencia)
*(Será posible) ¡Que no me **hayan dicho** nada!* (indignación)
*(Será posible) ¡Que se **haya hecho** millonario!* (sorpresa)

B) Oraciones adverbiales y adjetivas:

*(Aunque) **Llame** quien **llame**, no abras la puerta.*
*(Aunque) **Fueras** donde **fueras**, te seguiría.*
*(Aunque) Lo **tomes** como lo **tomes**, es la pura verdad.*

C) Fórmulas estereotipadas que expresan deseo, maldición o contrariedad:

*¡**Dios nos coja** confesados!*
*¡**Dios nos libre** de llevarle la contraria!*
*¡**Maldita sea** la hora en que lo conocí!*

D) Fórmulas fijadas en la lengua, tales como *Que yo sepa, Que yo recuerde* y *Que yo vea*:

Que yo sepa, aún viven allí.
Que yo recuerde, no llovió aquel día.
Que yo vea, nadie ha salido.

SÍNTESIS DIDÁCTICA

a) La oración independiente es la única oración simple, salvo casos aislados, que admite el modo subjuntivo.

b) Sólo hay tres clases de oraciones independientes: las que expresan órdenes, deseos y dudas. Tanto órdenes como deseos van en subjuntivo, la duda admite ambos modos.

c) El criterio general para el uso del subjuntivo en estas oraciones es: *no experiencia.*

d) Las oraciones *seudoindependientes*, como su nombre indica, son generalmente oraciones sustantivas, adverbiales o adjetivas con verbo principal elidido.

e) El criterio de uso a seguir dependerá del tipo de oración al que cada una individualmente pertenezca.

EJERCICIOS

CURSO INTENSIVO DE ESPAÑOL

Niveles elemental e intermedio:

Sintaxis: 154, 316.
Miscelánea: 321, 323.

Niveles intermedio y superior:

Oraciones independiente y seudoindependiente: 76.

V.7 | Infinitivo, gerundio, participio y la oración subordinada

> ○ **Sintaxis**
>
> ① *Concepto y función*
> ② *Subordinadas con infinitivo*
> ③ *Subordinadas con gerundio*
> ④ *Subordinadas con participio pasado*
> *Síntesis didáctica*

① Las formas no personales del verbo (infinitivo, gerundio y participio) sustituyen frecuentemente a oraciones subordinadas sin cambio alguno en su significado. En las oraciones:

__Al cantar__ Plácido Domingo, no se oía una mosca. = *__Cuando cantó__ Plácido Domingo no se oía una mosca.*
__Comiendo__ tanto, no adelgazarás. = *__Si comes tanto__, no adelgazarás.*
__Terminada__ la cena, nos acostamos. = *__Cuando terminamos__ la cena...*

Observamos que:

Las formas no personales del verbo *al cantar, comiendo* y *terminada* sustituyen, respectivamente, a la oración subordinada:

a) Temporal: *__Cuando cantó__ Plácido Domingo...*
b) Condicional: *__Si comes__ tanto...*
c) Temporal: *__Cuando terminamos__ la cena...*

② **Oración subordinada con infinitivo**

1. *Al*+infinitivo

Esta construcción puede realizar, en español, dos funciones principales:

a)   *Temporal,* sustituyendo a *cuando*+verbo (indicativo o subjuntivo):

Al vernos, *nos saludamos.* = **Cuando nos vimos,** *nos saludamos.*
Al vernos, *nos saludaremos.* = **Cuando nos veamos,** *nos saludare-*
                                               mos.

b)   *Causal,* en sustitución de *como*+verbo en indicativo (en forma negativa):

Al no verla, *me puse triste.* = **Como no la vi,** *me puse triste.*
Al no haber recibido *noticias su-* = **Como no recibí** *noticias suyas...*
    yas, temí lo peor.

2.   *Con*+infinitivo

Tiene dos funciones:

a)   *Condicional* [1], en sustitución de *si*+indicativo o subjuntivo o de *con*
que+subjuntivo:

Con estar *allí a las seis, es su-*	= a)	**Si estás** *allí...*
ficiente.	b)	**Con que estés** *allí...*
Con hacerle *un regalito, cum-*	= a)	**Si le haces** *un regalito...*
ples.	b)	**Con que le hagas** *un rega-*
		lito...

b)   *Concesiva* [2], en sustitución de *aunque*+indicativo/subjuntivo:

Con estar *allí a las seis, no es su-* = **Aunque estés** *allí...*
ficiente.
Con escribirle, *no solucionas nada.* = **Aunque le escribas...**

3.   *De*+infinitivo simple

Equivale a la subordinada condicional *si*+presente de indicativo, construcción bastante generalizada en la lengua hablada:

De seguir *así, ganamos la Liga.* = **Si seguimos** *así...*
De beber *algo, bebo vino.* = **Si bebo** *algo...*

Existe una forma *de*+infinitivo compuesto que sustituye a la condicional
si+pret. pluscuamperfecto de subjuntivo:

---

[1] Con este valor se usa en contextos en los que se enuncia una condición juzgada por el hablante
como suficiente en sí misma para el cumplimiento de la principal.
[2] Con este sentido, el verbo principal va normalmente en forma negativa y tiene también valor
condicional.

De haberle conocido, me hubiera/habría ena- = **Si le hubiera conocido...**
morado de él.

De haberlo explicado, lo hubiéramos entendido. = **Si lo hubiera explicado...**

③ Oración subordinada con gerundio

El gerundio se emplea, en español, para formar oraciones subordinadas adjetivas y adverbiales en varias de sus categorías: temporales, concesivas, causales y condicionales[1]:

Te escribiré una carta hablando de mis = **En la que te hablaré...** (adjetiva).
aventuras.

Los conocí estudiando en Oxford. = **Cuando estudiaba en Oxford...** (temporal).

Sabiendo que estaba enfermo, no fue al = **Aunque sabía...** (concesiva).
médico.

Creyendo que lo necesitaba, me prestó = **Como creía que...** (causal).
dinero.

Enseñando, aprenderás mucho. = **Si enseñas...** (condicional).

④ Oración subordinada con participio pasado

El participio, además de su empleo lógico por su carácter adjetival, como subordinada adjetiva o de relativo, equivale también a una subordinada adverbial:

Reparados los coches, seguimos la aven- = **Una vez que / Cuando repara-**
tura. **mos...** (temporal).

Apenas leído el periódico, comimos. = **Apenas leímos...** (temporal).

Se calló asustada ante lo sucedido. = a) **Se calló porque estaba asus-**
tada... (causal).
b) **Se calló porque estaba asus-**
tada ante lo que había su-
cedido (de relativo).

---

[1] El contexto determinará su función sintáctica, pues existen casos ambiguos:

Juan y Luisa, **siendo** *novios, reñían mucho.*

Se puede interpretar como una subordinada adjetiva *(=***que eran novios***)* o como una concesiva *(=***aunque eran novios***).*

SÍNTESIS DIDÁCTICA

1. Las formas no personales del verbo (infinitivo, gerundio y participio) funcionan en español como sustitutos de oraciones subordinadas.
2. Su uso es bastante frecuente, tanto en el español hablado como en el escrito.

EJERCICIOS

CURSO INTENSIVO DE ESPAÑOL

Niveles intermedio y superior:

Infinitivo, gerundio, participio y la subordinación: 246, 247.
Subjuntivo ≠ indicativo. Recopilación de todas las oraciones: 79, 80, 234, 235.
Oración subordinada / infinitivo: 236, 247.
Subjuntivo en fórmulas reduplicativas: 243.
Subjuntivo ≠ indicativo en textos: 239.
Subjuntivo ≠ indicativo: correlación tiempos y modos: 249, 250, 251.

VI.1

Pasiva e impersonal

① Voz pasiva con *ser*

La voz pasiva formada por **ser**+participio pasado en concordancia con el sujeto (sujeto paciente)+*(por*+agente):

*El libro **fue escrito** por un especialista,*

es de escaso empleo en el español hablado, prefiriéndose en su lugar la voz activa correspondiente.

*Los terroristas **fueron capturados** = La policía **capturó** a los terroristas.*
por la policía.
*La niña **fue mordida** por una ser- = Una serpiente **mordió** a la niña.*
piente.
*La ley del divorcio **fue aprobada** = El Congreso **aprobó** la ley del di-*
por el Congreso. *vorcio.*

② Pasiva con *se*

Caracteriza al español otro tipo de voz pasiva, *la refleja*, cuyo esquema es el siguiente:

Se+verbo transitivo[1] en 3.ª persona del singular (si el sujeto es singular) o del plural en caso contrario.

> ⌐───────────▼
> *Se escribió el libro en 1954.*
>
> ⌐────────────────▼
> *Se vendieron los pisos en el otoño.*
>
> ⌐───────────────▼
> *Se ha enviado la carta por correo.*

La pasiva *refleja* con *se* sustituye normalmente en la lengua hablada a la pasiva con **ser** cuando esta última no tiene *agente humano expreso y su sujeto paciente es una cosa.*

El libro fue escrito en 1954.	= *Se escribió el libro en 1954.*
Los pisos fueron vendidos en el otoño.	= *Se vendieron los pisos en.el otoño.*
La carta ha sido enviada por correo aéreo.	= *Se ha enviado la carta por correo aéreo.*

Existe en español otro tipo de pasiva con **se:** *la impersonal,* que sólo se diferencia de *la refleja* en que el énfasis no recae en la *ausencia* del agente, sino en su *indeterminación.*

En las frases:

> *Se sirve la cena a las diez*

o

> *Se venden coches usados,*

el énfasis no se pone en el hecho de que el agente de la acción de *servir la mesa* o *vender coches* no esté expreso en las frases, sino en que ese agente es *indeterminado,* genérico o colectivo.

Esta pasiva impersonal de *agente indeterminado*, a diferencia de la *refleja*, excluye el uso de la pasiva con **ser** en estos contextos, y el sujeto normal-mente sigue al verbo.

(sujeto en singular)	(sujeto en plural)
Se alquila habitación.	≠ *Se alquilan habitaciones.*
Se compra coche usado.	≠ *Se compran coches usados.*
Se cambia apartamento.	≠ *Se cambian apartamentos.*

---

[1] Se entiende por verbo transitivo el que forma parte de una oración que admite objeto directo, e intransitivo el que no lo admite.

③ Construcción impersonal con *se*

Entre otros procedimientos, para expresar la impersonalidad (tales como el uso de las palabras, *gente, alguien, uno* o verbo en 1.ª o 3.ª personas del plural), en español se prefieren los siguientes:

a) Se + verbo transitivo[1] o intransitivo en 3.ª persona singular + adverbio u otro complemento verbal.

Allí se leía mucho.	= *La gente*[2] *leía mucho allí.*
Se vive bien aquí.	= *Vivimos/viven/uno,* etc., *vive bien aquí.*
Se trabaja poco en verano.	= *La gente,* etc., *trabaja poco en verano.*
Aquí se come, se bebe y se hace de todo.	= *Aquí la gente (uno) come, bebe y hace de todo.*
En este país se fuma demasiado.	= *La gente en este país fuma demasiado.*

b) Se + verbo transitivo en 3.ª persona singular + objeto directo de *cosa.*

(objeto directo de cosa)

Se compra ropa vieja.	= *Alguien (uno) compra ropa vieja.*
Se vende joyas.	= *Alguien vende joyas.*
Se arregla trajes.	= *Alguien arregla trajes.*

Como se observará, esta construcción impersonal con **se** se diferencia tan sólo del **se** impersonal pasivo[3] (véase pág. 100) en que siendo ambas impersonales, es decir, de agente *indeterminado,* la primera es una voz activa en la que la partícula **se** funciona como sujeto de la oración y por eso el verbo va siempre en tercera persona del singular. El **se** de la segunda, en

---

[1] Pero usado como intransitivo, es decir, sin objeto directo.

[2] Cuando el verbo es reflexivo o pronominal, sólo las palabras *uno* y *gente,* obviamente, pueden expresar la impersonalidad.

Uno se divierte todo lo que puede.

[3] Aunque muchos hispanohablantes confunden estas dos formas, existe una marcada preferencia a favor del uso del **se** impersonal pasivo en vez del **se** impersonal:

(se impersonal pasivo)	(se impersonal)
Se venden joyas.	*Se vende joyas.*
Se alquilan pisos.	*Se alquila pisos.*
Se reciben encargos.	*Se recibe encargos.*

cambio, es una simple marca de agente indeterminado y, por tanto, el verbo puede ir en singular o plural según lo sea el sujeto.

c) Se+verbo transitivo en 3.ª persona del sing.+objeto directo de *persona,* que, como es normalmente determinado, lleva la preposición **a.**

> *Se detuvo al ladrón*[1].   = *El ladrón **fue detenido.***
> *Se ayudó a los pobres.*   = *Los pobres **fueron ayudados.***
> *Se ha expulsado a ese señor.* = *Ese señor **ha sido expulsado.***

d) Se+verbo transitivo en 3.ª persona del singular+oración subordinada sustantiva.

Algunas construcciones de este tipo empleadas comúnmente son: *se ve que..., se supone que..., se dice que..., se comenta que..., se piensa que..., se nota que..., se oye que..., se sospecha que...*

> *Se ve que todavía lo quieres.*
> *Se notaba que eran extranjeros.*
> *Se suponía que era inocente.*
> *Se rumorea que les ha tocado la lotería.*
> *Se esperaba que los recibieran bien.*

Obsérvese que estas cuatro construcciones impersonales tiene como denominador común que el verbo *va siempre en 3.ª persona del singular.* Porque se trata en realidad de oraciones activas, no pasivas, en las que la partícula *se* funciona a la vez como sujeto de la oración y como marca de agente indeterminado, genérico o colectivo.

---

[1] Evidentemente las oraciones *Se detuvo el ladrón, Se ayudaron los pobres,* etc., son posibles y correctas, pero sólo con valor reflexivo o recíproco. En las construcciones tipo: ***Se las recuerda** con cariño,* ***Se les dijo** que vinieran,* los objetos directos o indirectos son sustituidos por sus respectivos pronombres.

CURSO INTENSIVO DE ESPAÑOL

Niveles elemental e intermedio:

Sintaxis:
Contraste voz activa ≠ voz pasiva: 193, 197.
Contraste voz activa ≠ voz pasiva con **se**: 194.
Contraste voz activa ≠ impersonal con **se**: 195.
Contraste voz pasiva ≠ voz pasiva con **se**: 196.
Contraste voz pasiva ≠ voz pasiva con **se**: 362.
Contraste voz pasiva refleja ≠ impersonal con **se**: 361.
Sustitución de la voz activa por la pasiva o impersonal: 363.
Sustitución de la pasiva e impersonal con **se** por la voz activa correspondiente: 364.

Niveles intermedio y superior:

Voz pasiva o impersonal a activa: 85.
Cambio activa a pasiva tradicional: 84.
Cambio pasiva a pasiva refleja: 86, 254.
Cambio activa a pasiva e impersonal con **se**: 255.
Cambio oraciones transitivas a impersonales con **se**: 256.
Cambio de activas a medias con **se**: 257.
Voz pasiva y tiempos pasados del indicativo en textos: 258.

VI.2

Perifrástica: forma continua

① Concepto y función de perífrasis

Dos conjugaciones paralelas a la regular y que, en ocasiones, la sustituyen añadiendo matices de diferenciación son la *continua* [1] o progresiva y las llamadas *perífrasis verbales*. Ambas tienen en común:

a) Que están formadas por un verbo auxiliar, es decir, que empleado como tal carece normalmente de significado propio (en el caso de la continua es *estar* y en el de las perífrasis verbales puede ser *ir, llevar, tener, volver,* etc.).

b) Que acompañan a una forma no personal del verbo. La continua, al gerundio; las perífrasis verbales, al infinitivo, gerundio o participio pasado.

c) Que normalmente el verbo auxiliar de cada una de ellas pierde su semantismo original creando, en compañía de una forma no personal (infinitivo, gerundio o participio), nuevos matices que enriquecen la lengua.

En las frases:

*Marisol **está viviendo** en Holanda.*
*Marisol **lleva viviendo** en Holanda un año.*

---

[1] Aunque la forma continua es también una perífrasis verbal, por razones didácticas la estudiaremos separadamente.

104

Observamos:

1. Que los verbos *estar* y *llevar* carecen de significado propio.
2. Que *está viviendo* y *lleva viviendo* son formas paralelas a la conjugación regular, en este caso a la forma del presente de indicativo *vive*.
3. Que ambas formas añaden nuevos matices de expresividad a la lengua española, como se verá más adelante.

② **Forma continua** *(estar+gerundio)* [1]

Esta conjugación, además de conferir a la acción verbal el matiz de duración, de desarrollo, que caracteriza al gerundio, expresa también otros matices si la contrastamos con las formas paralelas de la conjugación regular.

③ **Uso y contrastes**

a) Acción en desarrollo, durativa, *momentánea;* acción que también puede expresar el presente y el imperfecto de indicativo de la conjugación regular, pero que caracteriza más a la continua.

¿Qué haces?	**Estoy comiendo.**	≠ *Como.*
¿Qué hacías?	**Estaba comiendo.**	≠ *Comía.*
¿Qué lees?	**Estoy leyendo** el periódico.	≠ *Leo el periódico.*
¿Qué leías?	**Estaba leyendo** el periódico.	≠ *Leía el periódico.*

b) Acción *que se aleja de la norma,* aunque no se realice en el momento en que se habla. Ésta es la característica diferenciadora de la forma continua con respecto a la conjugación regular. Así, en las frases:

(hecho habitual)   (hecho apartado de la norma)

Luisa **trabaja** *en un hospital.* ≠ *Luisa* **está trabajando** *en un hospital.*
Juan **llora** *mucho.*   ≠ *Juan* **está llorando** *mucho.*
Esta chica **sale** *demasiado.* ≠ *Esta chica* **está saliendo** *demasiado.*

Ambos tiempos pueden expresar un hecho habitual, repetido, que no tiene lugar necesariamente en el momento en que se habla, pero se diferencian en que la continua presenta el hecho como no normal, ex-

---

[1] Damos, a este nivel sólo, los usos más frecuentes del presente e imperfecto de indicativo.

traño, no lógico. En la primera frase, si *Luisa es enfermera*, lo lógico es que trabaje en un hospital y elegimos el presente normal; pero si es profesora expresamos la *anormalidad* mediante el uso de la forma continua.

SÍNTESIS DIDÁCTICA

a) La forma continua se usa en español menos que en otras lenguas, prefiriéndose la conjugación regular.

b) La diferencia entre las formas continuas y las regulares reside, primero, en su mayor énfasis de acción en desarrollo en el momento en que se habla, su *momentaneidad*, y, segundo, en su uso peculiar para presentar acciones que se apartan de la norma, es decir, su énfasis en la *no habitualidad* del acto, habitualidad que caracteriza tanto al presente como al imperfecto de indicativo.

EJERCICIOS

CURSO INTENSIVO DE ESPAÑOL

Niveles elemental e intermedio:

Morfosintaxis: 177.
Contraste conjugación regular $\neq$ forma continua: 333, 334.

Contraste forma continua $\neq \begin{Bmatrix} hace \\ hacía \end{Bmatrix}$ + expresión temporal: 188, 189.

Contraste forma continua $\neq$ *llevar* + gerundio: 187.

Niveles intermedio y superior:

Forma continua $\neq$ conjugación normal: 48, 49.

VI.3

Perifrástica: perífrasis verbales

---

① Concepto

Las perífrasis verbales participan de los mismos caracteres de la forma *continua* o progresiva y son también formas alternativas a las de la conjugación regular, pero, a diferencia de éstas, no se usan normalmente en los tiempos compuestos[2] y presentan una mayor gama de matices significativos. Se agrupan en tres categorías sintácticas:

   a)   Perífrasis con infinitivo (principio de acción).
   b)   Perífrasis con gerundio (desarrollo de acción).
   c)   Perífrasis con participio pasado (terminación de acción).

② Perífrasis con infinitivo

Las perífrasis con infinitivo expresan normalmente *principio de acción* y pueden sustituirse, aunque en muchos casos se pierden matices significativos, por el verbo *empezar/comenzar*+infinitivo.

---

[1] Dada la complejidad de estas estructuras, sólo tratamos en este capítulo las más representativas y de mayor interés para el alumno extranjero.
[2] Algunas perífrasis admiten tiempos compuestos. Creemos pedagógicamente aceptable desaconsejar el uso de estos tiempos al alumno no avanzado.

107

*Nada más llegar a casa **nos pusimos a tra-*** = *(Empezamos a trabajar).*
bajar.
Me pondré a estudiar *dentro de cinco mi-* = *(Empezaré a estudiar).*
nutos.

La perífrasis *ponerse a*+inf. se emplea, salvo excepciones, con sujeto de persona o personalizado.

1. *Ir a*+inf.

Expresa la idea de *posterioridad inmediata* al eje temporal en que se sitúa la acción y suele presentar un matiz de *intencionalidad* cuando el sujeto es animado. No debe confundirse con la construcción *irse a*+inf., en la que el verbo *ir* mantiene su significado original.

Voy a comer. *(Tengo la intención* ≠ **Me voy a comer.** *(Me marcho a*
de...). *comer).*
Vamos a esperarles *a la estación.* ≠ *(Les esperaremos en la estación).*
Íbamos a hacer *una excursión a la* ≠ *(Teníamos la intención de...).*
montaña.

2. *Acabar de*+inf.

Si *ir a*+inf. expresa la idea de *posterioridad inmediata* al eje temporal en el que se sitúa la acción, *acabar de*+inf. expresa la *anterioridad inmediata* con respecto al mismo eje. Sólo puede emplearse con este matiz[1] en el presente y pretérito imperfecto, siendo el pretérito perfecto y el pluscuamperfecto, seguidos de expresiones temporales, los únicos tiempos alternativos de la conjugación regular que pueden sustituirlos.

Acabamos de llegar. = *(Hemos llegado ahora mismo, hace un instante, cin-*
co, minutos, etc.).
Acababan de levantarse. = *(Se habían levantado hacía un momento, etc.).*
¿Acaban ustedes de comer? = *(¿Ya han comido ustedes?).*

En forma negativa se usa normalmente con sentido enfático para expresar valores subjetivos tales como ansiedad, impaciencia, contrariedad, etcétera, ante la no realización de la acción expresada por el infinitivo:

*¿Por qué **no acaba de entrar** y se pone cómodo? = (¿Por qué no entra de*
una vez...?). (impaciencia)

---

[1] En el resto de los tiempos el verbo *acabar* adquiere su significado pleno equivalente a *terminar* y, por tanto, no constituye una perífrasis.

*Sofía **no acababa de entender** lo que sucedía.* (impaciencia)

*Enrique **no acaba de llegar.*** = *(Enrique aún no ha llegado y eso me preocupa).* (ansiedad)

3. *Tener que* y *haber que* + inf.

Lo que asemeja a estas dos construcciones es que ambas expresan la idea de *obligación o necesidad*[1]. Lo que las diferencia es que *tener que* + inf. se usa en tiempos simples y compuestos y puede tener sujeto animado o inanimado.

*No **hemos tenido** otro remedio **que decirle** la verdad.* = *(Fue necesario decirle la verdad).*

*¿**Tienes que irte** ahora?* = *(¿Es necesario que te vayas?).*

*El coche **tiene que durar** muchos años.*

Haber que + inf. sólo se usa en tercera persona del verbo impersonal *haber (hay, había,* etc.) y en tiempos simples, con la excepción del pretérito perfecto. Sustituye a *tener que* + inf. cuando al hablante le interesa o le conviene transmitir la idea de obligación sin personalizarla.

(personalización)	(impersonalización)
Tenemos que hacer las cosas bien.	≠ *Hay que hacer las cosas bien.*
¿Tenía yo que avisarle?	≠ *¿Había que avisarle?*

4. *Volver a* + inf.

Expresa la idea de *reiteración, repetición,* y es de mayor uso que las formas verbo + *otra vez/de nuevo* (a menudo empleadas por el alumno extranjero). Se usa preferentemente en tiempos simples.

Vuelva usted a hacerlo.	≠ *Hágalo usted otra vez.*
Volvieron a casarse.	≠ *Se casaron de nuevo.*

5. *Quedar en* + infinitivo

   a) Expresa normalmente obligación cuando el sujeto es singular:

   *Rosario **quedó en llamarnos** a las ocho.* = *Se comprometió a llamarnos a las ocho.*

---

[1] Recomendamos su uso, por ser más castizo, en lugar de las construcciones impersonales *Es necesario/Hace falta* + inf.

b) Y expresa, cuando el sujeto es plural, ponerse de acuerdo entre dos o más personas para realizar la acción indicada por el infinitivo.

Quedamos en escribirles *nada más llegar.* = *Acordamos escribirles.* = *Nos comprometimos a escribirles nada más llegar.*

6. *Echar(se)* a+infinitivo

Expresa el comienzo brusco, rápido o violento de una acción y su uso se limita normalmente a un número reducido de infinitivos:

Echar a+*andar, correr, volar y nadar.*
Echar(se) a+*llorar, reír, temblar.*

Al intentar cogerlo, el pájaro **echó a volar.** = *(Empezó bruscamente a volar).*
Es muy sentimental y **se echa a llorar** *por nada.* = *(Se pone a llorar).*

La perífrasis *romper* a+infinitivo sustituye sin cambio de significado a *echarse* a+infinitivo sólo cuando va seguida de verbos que expresan emoción o sentimiento.

Cuando oí el chiste, **me eché a reír.** = *(Rompí a reír).*

7. *Llegar* a+infinitivo

En forma afirmativa expresa los valores enfáticos de realización o consumación de una acción.

Después de regatear mucho, **llegó a venderme** *el cuadro.* = **(Finalmente,** *me vendió el cuadro).*
Nos enfadamos tanto que **llegamos a insultarles.** = **(Incluso** *los insultamos).*

En forma negativa expresa la no realización o consumación de una acción.

No llegó a comprender *esa pregunta.* = *(No comprendo esa pregunta).*
Sé que estuvo aquí, pero **no llegué a verle.** = *(No conseguí verle).*
Escribí una carta que **nunca llegué a enviar.** = *(Nunca envié).*

Se usa preferentemente con tiempos simples.

8. *Venir* a+infinitivo

Expresa las ideas de aproximación e incertidumbre y puede sustituir en muchos casos a los futuros y condicionales de probabilidad. Su uso se limita a los tiempos simples.

*José Luis **vino a decir** lo mismo que Pedro. = (José Luis diría/dijo más o menos, aproximadamente).*

*Nati **viene a ganar** tanto como tú. = (Nati gana más o menos, aproximadamente, ganará tanto como tú).*

③ Perífrasis con gerundio

Expresan una acción en desarrollo. Sustituyen normalmente a *estar*+gerundio y se diferencian de esta construcción por aportar diversos matices significativos. Normalmente su uso se limita a los tiempos simples. Las más representativas son:

1. *Seguir/Continuar*+gerundio

   Expresa la idea de *continuación* y se emplea normalmente con este matiz en vez de *estar todavía*+gerundio.

   Seguimos buscando empleo. = **Todavía** estamos buscando empleo.
   Sigo trabajando allí. = **Todavía** estoy trabajando allí.

2. *Llevar*+gerundio

   Es una perífrasis muy usada en español que expresa el desarrollo de una acción que comienza en el pasado y se orienta hacia el eje temporal al que se refiere el hablante. No se usa en los tiempos compuestos ni en el pretérito indefinido y sustituye a las fórmulas temporales:

   a) $\left\{ \begin{array}{l} hace \\ hacía \end{array} \right.$ +expresión de tiempo+*que*+verbo $\left\{ \begin{array}{l} \text{en presente o} \\ \text{pret. imperf.} \\ \text{de indicativo} \end{array} \right.$

   b) $\left\{ \begin{array}{l} \text{Verbo en presente} \\ \text{o en pret. imperf.} \\ \text{de indicativo} \end{array} \right.$ +*desde* $\left\{ \begin{array}{l} hace \\ hacía \end{array} \right.$ +expresión temporal

   Llevo viviendo aquí ocho años. ≠ **Hace** ocho años que **vivo** aquí.
   Vivo aquí desde **hace** ocho años.

   Llevábamos trabajando en esa ciu-dad siete semanas. ≠ **Hacía** siete semanas que **trabajábamos** en esa ciudad.
   Trabajábamos en esa ciudad desde **hacía** siete semanas.

111

3. *Venir* + gerundio

Se utiliza normalmente en los mismos contextos y tiempos que *llevar* + gerundio añadiendo a esta última un matiz de insistencia y repetición:

*Carlos **viene trabajando** con nosotros desde hace cinco años. = Carlos **lleva trabajando** con nosotros cinco años.*
***Venimos diciéndoselo** desde hace tiempo. = **Llevamos diciéndoselo** mucho tiempo.*

4. *Quedar(se)* + gerundio

Normalmente sustituye a *estar* + gerundio añadiendo un matiz de permanencia y continuidad a la acción verbal:

***Nos quedamos charlando** hasta las dos de la mañana. = Estuvimos charlando hasta las dos de la mañana.*
*Cuando nos fuimos todavía **quedaban riéndose** del chiste. = Estaban riéndose del chiste.*

5. *Ir* + gerundio

Sustituye normalmente a *estar* + gerundio, pero, a diferencia de esta construcción, añade el matiz de *lentitud* en el desarrollo de la acción y se usa normalmente en los tiempos simples.

*Todos nos **vamos haciendo** viejos. ≠ **Poco a poco** todos nos estamos haciendo viejos.*
***Voy aumentando** mis conocimientos ≠ **Poco a poco** estoy aumentando de español.   mis conocimientos de español.*

6. *Andar* + gerundio

Sustituye por lo común a *estar* + gerundio cuando existe un cierto matiz despectivo en contextos que implican para el hablante cierta irreflexión o falta de seriedad en el desarrollo de la acción verbal. Sólo se emplea en tiempos simples.

*Siempre **andas molestando** a todo el ≠ Siempre estás molestando a todo mundo. (matiz despectivo)   el mundo.*
*¿Qué hace Virginia ahora? **Anda es-** ≠ Está estudiando medicina. **tudiando** medicina. (irreflexión o falta de seriedad)*

7. *Salir* + gerundio

Tres son los usos más comunes de esta perífrasis:

a) Con los verbos *perder* y *ganar* expresa resultado final.

b) Con el verbo *decir* y sinónimos, sorpresa o desconcierto ante el desarrollo de la acción.

c) Con los verbos *correr* y *volar*, iniciación brusca de la acción verbal.

*Si sigues mi consejo **saldrás ganando**. = ... acabarás ganando, al final ganarás.*

*Después de hablar elogiosamente de Pedro, **salió diciendo** que no lo conocía. = ... dijo sorprendentemente, de buenas a primeras, que no lo conocía.*

*Cuando vio el peligro, **salió corriendo**. = ... echó a correr, empezó a correr.*

④ Perífrasis con participio

Al estar formadas con participios, todas ellas presentan en mayor o menor grado un claro matiz de acción verbal realizada o concluida. Las clasificaremos por sus caracteres comunes en tres grupos principales:

> **ir, andar** y **seguir** + participio

Las tres sustituyen a *estar* + participio, a la que confieren, entre otros, el matiz de movimiento de la que ésta carece; y como sucede con *estar*, el participio concuerda en todas ellas con el sujeto de la oración.

1. *Ir* + participio

Sustituye a *estar* + participio para agilizar la acción verbal. Los participios más empleados son generalmente los de estados físicos o situacionales.

*Mónica siempre **va vestida** de azul. = Mónica siempre está vestida de azul.*

*Las cartas **van escritas** en tinta roja. = Las cartas están escritas en tinta roja.*

*Carlos y Luisa **iban distraídos**. = Carlos y Luisa estaban distraídos.*

2. *Andar*+participio

Sustituye a *estar*+participio como la anterior y admite participios de estados físicos, psíquicos y emocionales. Cuando el sujeto es personal confiere a la acción verbal un ligero matiz peyorativo. Se usa sólo en tiempos simples.

*A él le gusta **andar descamisado**.*
*Luisa siempre **anda dormida**.*
*Miguel y Rita **andan enamorados**.*

3. *Seguir*+participio

Se emplea con todo tipo de participios y sustituye sistemáticamente a *estar*+*todavía*+participio.

*El reloj **sigue atrasado**. = El reloj **todavía** está atrasado.*
*Mi hermana **sigue enfadada** contigo.*
*El cuadro **sigue torcido**.*

4. *Llevar*+participio y *tener*+participio

Ambas sustituyen a *haber*+participio, al que confieren el matiz acumulativo del que esta estructura carece. Concuerdan con el objeto de la oración y su uso se limita a los tiempos simples, con excepción del pretérito indefinido.

***Llevo/Tengo escritas** cinco cartas. = He escrito cinco cartas **hasta ahora**.*
***Llevábamos/Teníamos recorridos** 450 kilómetros. = Habíamos recorrido 450 kilómetros **hasta entonces**.*
***Llevan/Tienen** cinco coches **vendidos**. = **Hasta ahora** han vendido cinco coches.*

Ir y *seguir*+participio no son propiamente perífrasis, ya que tanto los verbos *ir* como *seguir* mantienen su significado original.

5. *Quedar*+participio

Sustituye normalmente a la voz pasiva con **ser** o a la pasiva refleja con **se,** a las que añade un matiz de finalidad y permanencia de la acción del que ambas carecen.

*Este asunto **quedará decidido** mañana. = Este asunto será decidido/se decidirá mañana.*
*Todo **quedó aclarado**. = Todo fue aclarado./Se aclaró.*
*Las casas **quedaron pintadas** de blanco. = ...fueron pintadas/se pintaron de blanco.*

Hay que advertir que con adjetivos y participios con valor adjetival, sobre todo de estados físicos, psíquicos y emocionales, sustituye normalmente al verbo **estar** y toma la forma pronominal *quedarse*.

Se quedaron tristes cuando me fui. = *Estaban tristes cuando me fui.*
Juana se quedó embarazada a los veinte años. = *Juana estaba embarazada a los veinte años.*
Me quedé agotado de tanto correr. = *Estaba agotado de tanto correr.*

SÍNTESIS DIDÁCTICA

a) Las perífrasis verbales propiamente dichas se emplean como formas verbales alternativas a la conjugación regular y a la continua o progresiva, añadiendo a ambas una amplia gama de matices que enriquecen la lengua española.

b) Las perífrasis verbales son de uso muy frecuente en español, tanto en la lengua hablada como en la escrita.

EJERCICIOS

CURSO INTENSIVO DE ESPAÑOL

Niveles de iniciación y elemental:

Morfosintaxis:
Ir a+infinitivo: 154, 155, 320, 321.
Llevar+gerundio: 374, 375.
Haber que+infinitivo: 356, 357, 359.
Tener que+infinitivo: 358, 359.

Niveles elemental e intermedio:

Sintaxis:
Ir a+infinitivo: 181.
Contraste *haber que* ≠ *tener que:* 182, 183, 344.
Contraste *llevar*+gerundio ≠ forma continua: 187.
Contraste *llevar* ≠ *hace* o *desde hace:* 340.
Miscelánea: 341, 342, 343.

Niveles intermedio y superior:

Perífrasis verbales con infinitivo: 96.
Con gerundio: 97.
Con participio: 98.
Perífrasis verbales/conjugación normal: 263.
Perífrasis verbales (recopilación): 261, 262.

VI.4

Verbos de cambio

---

① *Concepto*
② *Clasificación*
③ *Cambio esencial*
④ *Énfasis en el resultado*
⑤ *Cambio accidental*

---

① Concepto

Un caso típico del español, en comparación con otras lenguas, es su considerable variedad de estructuras formadas por *verbo* + sust./adj. que indican el cambio de estado del sujeto. Se trata de construcciones muy usadas en la lengua hablada y que presentan una gran dosis de dificultad para el estudiante extranjero.

② Clasificación

El criterio para seleccionar y agrupar estas combinaciones o construcciones verbales es doble: por un lado, y desde una perspectiva sintáctica, existen verbos que admiten sólo complementación nominal, complemento nominal/adj. o sólo complemento adjetival, y por otro lado, y desde una perspectiva semántica o del significado, existen estos otros tres grupos:

A) Construcciones que indican *cambio esencial*.

B) Construcciones que enfatizan el *resultado del cambio*.

C) Construcciones que indican *cambio accidental*.

Dentro de cada grupo también hay que tener en cuenta el tipo de sujeto del verbo (de persona o de cosa):

③ Cambio esencial

En este grupo se incluyen las construcciones que indican un cambio esencial; por eso no es de extrañar que todos los verbos admitan sustantivos (que son fundamentalmente las partes de la oración que representan la *esencia*).

1. *a) Hacerse*+sust.

Es, sin duda, la combinación más frecuente de todas las aquí estudiadas. Cuando el verbo lleva *sujeto de persona* (animado), el hablante quiere expresar, por una parte, un cambio *neutro y voluntario,* donde la idea de *superación,* de más a menos, es una constante y, por otra, un cambio *fisiológico, natural,* en el desarrollo:

Se ha hecho ingeniero.
María se ha hecho una mujer.
Nos hicimos hombres antes de tiempo.
Juan se ha hecho un importante hombre de negocios.

Nota.—Los sustantivos más frecuentes son los que indican profesión u oficio, aunque normalmente no se usan con este verbo aquellos oficios que están mal considerados en la escala social: Sería rara una oración como: *Se hizo barrendero,* a no ser que se diga con intención derogatoria o sarcástica.

Cuando el sujeto es inanimado, no se puede hablar de cambio voluntario ni existe idea de superación, sino de *progresión* neutra:

El día se hizo noche poco a poco.
El verano se hace otoño durante el mes de septiembre.

Nota.—Generalmente se trata de construcciones literarias con poca incidencia en el lenguaje hablado.

117

1. *b)* *Hacerse* + adj./adv.

Cuando el sujeto es de persona (o animado), la construcción tiene las mismas características que se han indicado antes con respecto a los sustantivos: cambio voluntario y de superación o fisiológico:

Mi vecino **se ha hecho** *rico/famoso.*
Las niñas **se hacen** *mayores antes que los niños.*

Nota.—Obsérvese que este verbo no admite fácilmente adjetivos que indiquen una idea negativa, una gradación hacia abajo:

Antonio se **hizo** *tonto/ciego/pobre,*

aunque sí es posible decir: *El conferenciante se* **hizo** *un poco pesado.*

Cuando el sujeto es inanimado se puede usar todo tipo de adjetivos, siempre que esté presente la idea de gradación (=*más*):

El ruido **se hizo** *(más) insoportable.*
La luz **se hace** *(más) débil.*
La noche **se hace** *(más) oscura.*
La presión **se ha hecho** *(más) fuerte.*
Se hace *tarde.*

2. *Convertirse en* + sust.

Cuando el sujeto es de persona, el cambio que indica esta construcción es siempre esencial pero *involuntario* y con tendencia a rápido o inesperado por parte del hablante:

Se ha convertido *en el mejor abogado de la ciudad.*
Nunca **se convertirá** *en un hombre en el reformatorio.*
El príncipe **se convirtió** *en una rana.*

Cuando el sujeto es de cosa, el cambio expresado por el verbo es siempre *rápido* y *visible* o *comprobable*:

El agua **se convierte** *en vapor a los 100°.*

118

La noche se convierte en día rápidamente.
La abundancia de antaño se ha convertido en escasez.

3. *a) Llegar a ser*+sust.

Con sujeto de persona, el cambio expresado por el verbo es voluntario, pero se hace hincapié en el *esfuerzo* del agente y en la *lentitud* del proceso:

Ha llegado a ser un buen médico (después de muchos esfuerzos).
Hemos llegado a ser partícipes de sus excentricidades.
(Algún día) llegarás a ser un auténtico líder.

Si el sujeto es de cosa, el cambio que expresa el verbo es simplemente *lento* y *dificultoso:*

La vida llegó a ser un infierno en aquellas circunstancias.
El tabaco ha llegado a ser su obsesión.
El deporte llega a ser un factor de selección de la raza.

3. *b) Llegar a ser*+adj.

Participa esta construcción de las mismas características arriba mencionadas, aunque su uso es menos frecuente:

Juan llegó a ser famoso/respetado/rico.
El tabaco llega a ser agradable después de los primeros meses.
El calor llegó a ser insoportable.
La tensión ha llegado a ser enorme.

4. *Volverse*+sust./adj.

Tanto si el sujeto es personal como si es inanimado, el verbo expresa un cambio esencial *rápido, súbito* o *imprevisible,* idéntico al del verbo *convertirse en:*

sust. { *Se volvió un hombre solitario.*
Inés se ha vuelto una estúpida.
Su boda se volvió la noticia cumbre de los periódicos.
Aquí, por la tarde, la brisa se vuelve viento.

adj. { *Se ha vuelto loco/triste/alegre/famoso,* etc.
El invierno se volvió crudo.
La llama se vuelve azul al quemar alcohol.

Nota.—Obsérvese que este verbo expresa unos matices del cambio idéntico a los de *convertirse en*. La diferencia básica es que *volverse* admite no sólo sustantivos, sino también adjetivos y se usa más con complementación que nominal.

④ Énfasis en el resultado

En este grupo se incluyen verbos que indican cambio, pero que hacen hincapié en el estado resultante del proceso y en la involuntariedad de la acción cuando se trata de sujetos de persona.

1. *Quedarse*+adj./adv./part.

   Es la combinación más frecuente, tanto con sujetos animados como inanimados, y expresa siempre el resultado del cambio provocado por un agente externo, distinto del que lo sufre. Tiene un claro valor pasivo:

   *Se **quedó** sordo/ciego/mudo,* etc.
   *La puerta **se ha quedado** abierta.*
   *El reloj **se quedó** parado.*
   *Se **quedó** muy sorprendido/contento/triste/bien/mal.*

Nota.—Obsérvese que, con sujeto de persona, los adjetivos o adverbios más frecuentes son los que indican estado de ánimo o estado físico.

2. *Salir*+adj./adv.

   Se trata de un verbo más coloquial que puede llevar sujetos animados o inanimados y que siempre expresa el resultado final del proceso de cambio:

   *He **salido** escarmentado de la experiencia.*
   *No **salió** bien/mal de la operación.*
   *La comida te **ha salido** sosa/salada.*
   ***Salió** herido de la pelea.*

3. *Estar hecho un*+sust.

   Ésta es una construcción, también coloquial, que admite sujeto de persona o de cosa, y que expresa el resultado como impresión personal, subjetiva del hablante. Suele haber siempre un matiz encomiástico o de crítica, reproche o ironía:

Tu hermano **está hecho un** *elegante/pelma/hombre/sibarita.*
La casa **está hecha una** *pena/un asco/un palacio.*

⑤ **Cambio accidental**

1. *Ponerse* + adj./adv.

Para indicar el cambio accidental, pasajero o transitorio, hay básicamente sólo un verbo en español: *ponerse.* Este verbo sólo admite, como es natural, adjetivos o adverbios de modo, que expresan siempre el accidente, no la esencia. También existe una relación lógica con el verbo *estar,* puesto que todos los adjetivos que pueden acompañar a *estar* lo hacen igualmente con *ponerse:*

Se puso *(está) malo/mejor/contento/triste/rojo.*
El día **se puso** *gris/nublado.*
El pelo **se le ha puesto** *blanco.*
La situación **se ha puesto** *difícil/complicada/interesante.*

2. Además de los verbos estudiados, existe en español una gran variedad de verbos pronominales y adjetivales que expresan muchas veces la misma idea que estas combinaciones, pero que en otros muchos casos no tienen correlación alguna con ellas. Es imposible hacer aquí un estudio pormenorizado de estos verbos, porque esencialmente constituyen un problema léxico, no gramatical. Sin embargo, es importante que el alumno extranjero sea consciente de la variedad y número de estas formas verbales, que son un auténtico desafío para el dominio del español.

Con equivalencia		Sin equivalencia
ponerse triste	= **entristecerse**	**cansarse**
volverse loco	= **enloquecer**	**perderse**
ponerse alegre	= **alegrarse**	**romperse**
hacerse rico	= **enriquecerse**	**marearse**
hacerse sólido	= **solidificarse**	

CURSO INTENSIVO DE ESPAÑOL

Niveles intermedio y superior:

Morfosintaxis: 100, 101, 102, 103.
Estilística: 265, 266.

grupo nominal

I

El sustantivo

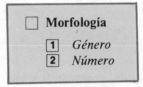

☐ **Morfología**

1 *Género*
2 *Número*

1 **Género del sustantivo**

niño — niña doctor — doctora hombre — mujer	el periodista — la periodista

En español, como en otras lenguas, existe, por un lado, el género natural de los seres animados *(masculino* y *femenino)* y, por otro lado, el género gramatical, completamente arbitrario, referente a seres o conceptos inanimados. La gran mayoría de sustantivos en nuestro idioma tiene un género fijo, bien masculino o bien femenino, cuyo aprendizaje constituye una de las primeras dificultades del estudiante extranjero.

a) *Género natural*

Hay cuatro maneras *básicas* de representar este género:

1. **o → a.**
2. Consonante + **a.**
3. Palabra distinta.
4. Idéntica forma para ambos géneros.

1. **o → a.**

La forma masculina termina en **-o** y la femenina cambia esta vocal en **-a:**

niñ-o → *niñ-a*
perr-o → *perr-a*
porter-o → *porter-a*
gat-o → *gat-a*

2. **Consonante + a.**

Generalmente el femenino añade **-a** a la forma masculina:

doctor → *doctor-a*
león → *leon-a*
chaval → *chaval-a*
inglés → *ingles-a*

3. **Palabra distinta.**

Hay una serie de sustantivos españoles que tienen formas totalmente diferentes para los dos géneros. Algunos de los más corrientes son:

	hombre	→	*mujer*
	marido	→	*mujer (esposa)*
	padre	→	*madre*
	papá	→	*mamá*
(varón)	*macho*	→	*hembra*
	toro	→	*vaca*
	gallo	→	*gallina*
	caballo	→	*yegua*
	padrino	→	*madrina*

4. **Idéntica forma para ambos géneros.**

Sólo se distinguen por el género del determinante (artículo, etc.) que los acompaña y muchos de ellos indican oficios o profesiones:

el periodista → *la periodista*
el dentista → *la dentista*
el estudiante → *la estudiante*
el joven → *la joven*
el pianista → *la pianista*
el taxista → *la taxista*
el telefonista → *la telefonista*

b) *Género gramatical*

La adscripción de géneros en esta amplísima categoría de sustantivos es, como ya se ha dicho, arbitraria. No obstante, se pueden dar algunas reglas prácticas.

1. Nombres terminados en *vocal*.

En **-o**. La mayoría son masculinos:

el carro, el saco, el empleo, el clavo

Excepciones corrientes:

la mano, la foto, la moto, la radio

En **-a**. Normalmente son femeninos:

la fiesta, la sábana, la camisa, la falda

Excepciones corrientes (más numerosas que en el caso anterior):

el idioma, el clima, el mapa, el sofá, el día, el programa, el tema, el sistema, el drama, el telegrama, el planeta, el lema, el problema [1]

En **-e**. Se adscriben a uno o a otro género indistintamente:

(masculinos)
el coche, el chiste, el peine, el café, el pie, el paquete

(femeninos)
la llave, la leche, la noche, la gripe, la fuente

2. Nombres terminados en *consonante:*

La mayor parte son masculinos:

el mes, el camión, el cristal, el lápiz, el jabón, el error

Las excepciones se dan normalmente en los sustantivos que terminan en **-d, -z** y **-l**:

la verdad, la bondad, la vez, la luz, la cárcel, la piel, la señal, la sal

---

[1] Existe un grupo de sustantivos femeninos que van precedidos del artículo masculino en sing. para evitar la cacofonía a + a. Todos ellos llevan el acento tónico en la primera sílaba: *el alma, el agua, el (un) arma, el hambre, el alma, el habla, el águila.*
Naturalmente, en plural llevan artículo femenino: *las almas, las armas,* etc.

3. Existe una limitada serie de sustantivos que poseen forma única, pero distinto significado, según vayan precedidos de artículo (u otro determinante) masculino o femenino. Los más corrientes son:

el cólera (enfermedad)	— *la cólera* (ira)
el frente (primera línea en la batalla)	— *la frente* (parte de la cara)
el cura (sacerdote)	— *la cura* (acción de curar)
el capital (cantidad de dinero)	— *la capital* (ciudad)
el policía (el hombre individual)	— *la policía* (el conjunto de los policías)
el orden (lo contrario de «confusión»)	— *la orden* (el mandato; acción de ordenar)
el guía persona que acompaña a los turistas como experto)	— *la guía* (el libro o folleto)
el cometa (cuerpo celeste)	— *la cometa* (juguete)
el margen (espacio a derecha e izquierda de una página. Ganancia. Motivo, ocasión)	— *la margen* (terreno de la orilla de un río o un camino)
el corte (acción y efecto de cortar)	— *la corte* (conjunto de los reyes con sus familias y los servidores que habitan en el palacio)

2 Número del sustantivo

pájaro — *pájaros* *amistad* — *amistades* *ley* — *leyes* *voz* — *voces*	*el miércoles* — *los miércoles* *las gafas* *los padres*

En español hay dos números: *singular* y *plural*.
El plural se forma añadiendo al singular -**s** o -**es**.

a) La terminación -**s** se añade a los sustantivos que terminan en *vocal no acentuada* (-**o** o -**a**) o en -*é:*

127

pájaro — *pájaros*
casa — *casas*
café — *cafés*
té — *tes*
chica — *chicas*
toro — *toros*

Casos especiales: Los sustantivos *papá, mamá, sofá* y *menú* forman el plural añadiendo **-s** (*papás, mamás,* etc.).

b) La terminación **-es** se añade a los sustantivos que terminan en consonante[1]:

amistad — *amistades*
árbol — *árboles*
nación — *naciones*[2]
amor — *amores*
mes — *meses*

ley — *leyes* (A efectos de la terminación, la **y** se considera
rey — *reyes* como consonante)

voz — *voces*
pez — *peces*   (Nótese en estos ejemplos el cambio ortográfico **z→c**)
vez — *veces*

c) Casos especiales:

1. Los sustantivos que terminan en **-s** precedida de vocal no acentuada permanecen invariables en plural:

el miércoles ≠ *los miércoles*
el cumpleaños ≠ *los cumpleaños*
el paraguas ≠ *los paraguas*
el lunes ≠ *los lunes*
el viernes ≠ *los viernes*

---

[1] Los sustantivos que terminan en **-í** (acentuada) forman el plural añadiendo **-es**: *rubí-rubíes, marroquí-marroquíes.*
[2] Los problemas de acento gráfico que presentan estas palabras se estudian en el apartado del apéndice dedicado a acentuación.

2. Hay otro grupo de sustantivos que normalmente se usan en plural:

   las gafas
   las vacaciones
   las tijeras
   los pantalones

3. Cuando se quiere hacer una referencia global en plural al sustantivo masculino y su correspondiente femenino, se usa la forma plural masculina:

   los padres (la madre y el padre)
   los obreros (los obreros y las obreras)
   mis tíos (mi tío y mi tía)

EJERCICIOS

CURSO INTENSIVO DE ESPAÑOL

Niveles de iniciación y elemental:

Género: 4, 9, 15, 20, 27, 57, 73, 94, 103, 278, 286, 292, 304, 311.
Número: 28, 35, 39, 44, 58, 126, 314.

Niveles elemental e intermedio:

Género: 18, 42, 65, 235, 288.
Número: 29, 53, 54.

Niveles intermedio y superior:

Género:
Femenino a masculino: 152, 153.
Determinación: 154, 292.
Cambio de significado según el género: 41, 58, 156, 162, 253, 278.

Número:
Palabras normalmente en singular: 160.
Palabras normalmente en plural: 158.
Formación del plural: 157.
Plural/singular diferencias de significado: 159.
Plural en formas compuestas: 293, 294.

II.1

El artículo

```
① Concepto y función
2 Artículo determinado
③ Casos especiales
4 Artículo neutro lo
5 Artículo indeterminado
⑥ Casos especiales
⑦ Contrastes entre artículos
   Síntesis didáctica
```

① Concepto y función

Definiremos el artículo como *la palabra que enuncia el carácter sustantivo de lo que sigue,* indicando al mismo tiempo su género y número. Hay dos clases de artículos: el determinado y el indeterminado. El determinado indica que el sustantivo (palabra o palabras que ejerzan esa función) al que acompaña es, en general, *conocido o específico* para el hablante. Puede ir seguido de:

a) Un sustantivo.

   El jardín es grande.

b) Un infinitivo con valor de sustantivo.

   (El) comer es necesario.

c) Un adjetivo o participio pasado en función de sustantivo.

   Compraron la (casa) cara, no la barata.
   Me gusta lo dulce (las cosas dulces).

130

d) Una oración adjetiva o de relativo[1].

Los *(alumnos)* **que** *estudian, aprenden.*

2 Artículo determinado

a) En español presenta las siguientes formas:

	masc.	fem.	neutro	
sing.	**el**	**la**	**lo**	*a+el=***al**
pl.	**los**	**las**		*de+el=***del**

b) Concordancia

La forma **la** (femenino, singular) se transforma en **el** ante sustantivos femeninos que empiezan por la vocal *-a* o *ha-*[2] con acento tónico. Si los sustantivos están en plural, no hay cambio.

el hambre	≠ *las hambres*	*el águila*	≠ *las águilas*
el arma	≠ *las armas*	*el hacha*	≠ *las hachas*
el agua	≠ *las aguas*	*el alma*	≠ *las almas*

c) *Contracción*

El artículo masculino singular **el** precedido de las preposiciones *a* o *de* se contrae en **al** o **del,** respectivamente.

Voy **al** *cine.*
Los hijos **del** *vecino.*

Usos básicos

El teléfono *es un gran invento.* ≠ ***El teléfono*** *sonó a las nueve.*	*Compraron* ***los zapatos.****≠ Compraron* ***zapatos.*** *Comí* ***la carne.*** *≠ Comí* ***carne.*** *Luis es* ***el médico,*** *no Juan.* ≠*Luis es* ***médico.***

---

[1] El artículo determinado, en sus distintas formas, añadido a los relativos *que* y *cual* se usa en español para formar los pronombres relativos: *el que, la que, lo que, los que, las que, el cual, la cual, lo cual, los cuales, las cuales,* indicando así género y número de su antecedente. Véanse págs. 188 y sigs.

[2] No se dice, como es lógico, por carecer de acento tónico en la **-a,** *El América española,* sino *La América española.*

131

a) En español, a diferencia de otras lenguas, el artículo determinado *acompaña normalmente al sujeto de la oración,* tanto si este sujeto es *genérico* como *específico.*

(carácter genérico)

El teléfono es un gran invento.
Los ingleses beben té.
Me gustan las flores.
Le encanta el pescado.

(carácter específico)

$\neq$ *El teléfono sonó a las nueve.*
$\neq$ *El inglés que te presenté no bebe té.*
$\neq$ *Me gusta la (flor) blanca.*
$\neq$ *Le encanta el pescado de río.*

b) El artículo determinado *acompaña al objeto directo de la oración*[1] en plural, cuando éste es *determinado* o *específico,* dotándole de un marcado carácter *identificador.* En caso contrario, se omite, confiriéndole un carácter *generalizador.*

(objeto específico,
carácter identificador)

Compraron los zapatos.
Comieron las patatas.
Escribió las cartas.

(objeto no específico,
carácter generalizador)

$\neq$ *Compraron zapatos.*
$\neq$ *Comieron patatas.*
$\neq$ *Escribió cartas.*

c) El artículo determinado acompaña también a los nombres *no contables*[2] en singular cuando éstos son objeto directo de la oración, dotándole de *carácter identificador.* Se omite con estos mismos sustantivos cuando se usan con *carácter partitivo,* es decir, para indicar cantidad indeterminada.

(carácter identificador)

Comí la carne.
Bebo la cerveza que tengo en la nevera.
Gastamos el dinero que nos diste.

(carácter partitivo)

$\neq$ *Comí carne.*
$\neq$ *Bebo cerveza.*

$\neq$ *Gastamos dinero todos los días.*

d) Se usa el artículo determinado después del verbo **ser** acompañando al

---

[1] Los casos en que el artículo acompaña al objeto indirecto o complemento de circunstancia no ofrecen, por lo general, dificultad y siguen la norma general.

Dieron una patada a la puerta de la calle.

Puerta (obj. indirecto) y *calle* (compl. de circunstancia) son, en este ejemplo, específicos o determinados.

[2] Los nombres no contables son, normalmente, de cosas que no se pueden numerar, es decir, se pesan o miden.

atributo [1] dotándole de *carácter identificador*. Se omite cuando el atributo tiene *carácter clasificador* (pertenece a un grupo o clase).

(carácter identificador)   (carácter clasificador)

*Luis es **el médico**, no Juan.*   ≠ *Luis es **médico**.*

*Ese perro es **el peligroso** (no el*   ≠ *Ese perro es **peligroso**.*
  otro).

*Ellos fueron **los ladrones**.*   ≠ *Ellos fueron **ladrones**.*

*Tú eres **el bueno**.*   ≠ *Tú eres **bueno**.*

③ **Casos especiales**

a) *Omisión del artículo determinado con sujetos y objetos directos* [2].

1. Los nombres de *personas, ciudades, continentes, países* y *regiones* omiten el artículo determinado tanto si estos nombres son sujeto como objeto de la oración [3].

   ***Carmen** es encantadora.* (sujeto)
   ***Asia** es un continente inmenso.* (sujeto)
   *No conozco **Asturias**.* (objeto)
   ***Roma** es una ciudad muy bella.* (sujeto)

2. También suele omitirse el artículo ante un *infinitivo* en función de sujeto u objeto de la oración.

   ***Hacer** deporte es fundamental.* (sujeto)
   ***Fumar** es malo.* (sujeto)
   *Me gusta **bailar**.* (sujeto)
   *Las vimos **venir**.* (objeto)
   *Quiero **conocerlo**.* (objeto)

3. El artículo determinado se omite con *días de la semana* y *estaciones del año*, después del verbo **ser,** excepto cuando **ser** es equivalente a *ocurrir* o *tener lugar* [4].

---

[1] *Atributo* es el adjetivo o sustantivo que sigue a los verbos *ser* o *estar* cuando carecen de significado y sólo sirven de cópula o unión.

[2] Esta norma se hace extensiva, como es lógico, a los casos en que el artículo acompañe a un objeto indirecto o circunstancial.

[3] Algunas ciudades, países y regiones sí lo llevan: *La Habana, El Escorial, Los Ángeles, el Japón, la India, las Hurdes.* También llevan artículo cuando se emplean con sentido *individualizador,* no genérico: *la Francia* de hace cinco años; *el Chicago* de los años 30.

[4] En el resto de los casos, los días de la semana y estaciones del año llevan normalmente artículo.

*Hoy es **domingo**.* ≠ *La boda fue (tuvo lugar) **el domingo**.*
*Ahora es **invierno**.* ≠ *La batalla fue en **(el) invierno**.*
*Ayer fue **viernes**.* ≠ *La reunión fue **el jueves pasado**.*

4. Con *meses* del año se omite normalmente el artículo determinado.

   ***Octubre** es un mes lluvioso.*
   *En **diciembre** me voy al extranjero.*

5. En los tratamientos *señor, señora* y *señorita* y nombres que expresan distinción o jerarquía, tales como *profesor, doctor, general,* etc., se omite el artículo determinado cuando hablamos directamente a la persona en cuestión, y la presencia del artículo es obligada en el resto de los casos, tanto si estos nombres son sujeto u objeto de la oración.

   *¡**Señor** Ortiz, acérquese aquí!* ≠ ***El señor** Ortiz está enfermo.*
   *¡**Profesor** Rodríguez, está usted* ≠ ***El profesor** Rodríguez está equi-*
   equivocado! *vocado.*
   ***Doctor**, ¿cómo me encuentra?* ≠ ***El doctor** me encontró bien.*
   No vi al ministro González. ≠ ***El secretario** aún no ha llegado.*

6. Los verbos *quedar, sobrar, faltar* y *apetecer* van normalmente seguidos de un sujeto sin artículo cuando éste tiene sentido *genérico,* pero el sujeto lo lleva cuando tiene sentido *específico.*

(sentido genérico)	(sentido específico)
*Sobran **chicos** y faltan **chicas**.*	≠ *Sobran **los chicos** que has mandado.*
*Todavía quedan **yogures**.*	≠ *Quedan **los yogures** que compraste ayer.*
*¿Te apetece **pescado**?*	≠ *¿Te apetece **el pescado** que compré?*

   Sin embargo, los verbos *gustar, encantar, fastidiar, molestar* y similares siguen la regla general, es decir, el sujeto de estos verbos siempre va precedido de artículo.

   *Me molesta **el ruido**.* (sujeto)
   *Les encanta **el cine**.* (sujeto)
   *Nos fastidia **lo que dices**.* (sujeto)
   *No me gusta **el dulce**.* (sujeto)

7. Con *verbos de lengua y actividades mentales*, tales como *hablar, saber, leer, escribir, entender, conocer,* etc., normalmente se omite el artículo delante de objetos directos de *lengua o disciplina,* pero llevan artículo cuando tienen un carácter especificativo.

*Habla **inglés** y alemán.*	≠ *Habla **el inglés** que aprendió de pequeño.*
*Estudiamos **matemáticas**.*	≠ *Estudiamos **las matemáticas** que suspendimos el curso pasado.*
*Sabe **filosofía** oriental.*	≠ *Sabe **la filosofía** que aprendió en Alemania.*

b) *Género y concordancia*

1. *Para designar a los miembros de una familia* se emplea el artículo masculino plural seguido del apellido, pero el apellido de la familia se mantiene en singular.

   *Aquí viven **los Sánchez**.*
   ***Los Pinedo** se han cambiado de casa.*

2. Los nombres de *ríos, montañas, mares* y *lagos* llevan artículo masculino:

   ***El Nilo** es un río africano.*
   ***Los Pirineos** separan a España de Francia.*
   ***El Ebro** desemboca en **el Mediterráneo**.*
   ***El Michigan** es un lago americano.*

c) *Presencia del artículo en casos específicos.*

1. El artículo determinado se usa obligatoriamente para expresar *la hora:*

   *Son **las ocho** en punto.*
   *Salimos a **las seis**.*
   *La corrida empieza a **las cinco**.*

2. Con *verbos* de *sentimiento,* como *odiar, amar, aborrecer,* etc., el objeto directo, que en estos casos tiene sentido genérico, va siempre precedido de artículo:

   *Ama **las plantas**.*
   *Aborrece **el vino**.*
   *Odiamos **los ruidos**.*

3. Con *partes del cuerpo, prendas de vestir* y *artículos de uso personal,*
   se emplea el artículo determinado en lugar del adjetivo posesivo
   correspondiente (*mi, tu, su,* etc.)[1]:

   Tengo que cortarme el pelo (mi pelo).
   ¿Dónde están los zapatos? (mis zapatos).
   Perdió las llaves (sus llaves).

4. Se usa normalmente el artículo delante de nombres de *medidas* o
   cantidades:

   Las naranjas están a 100 pesetas el kilo.
   Esta cuerda se vende a 50 pesetas el metro.
   El vino cuesta 300 pesetas el litro.

4 Artículo neutro *lo*

El artículo neutro **lo,** muy característico de la lengua española, es invariable
y se utiliza para sustantivar adjetivos, participios y oraciones adjetivas o de
relativo[2]:

Lo importante es trabajar bien. (adjetivo)
Lo fácil sería quedarse en casa. (adjetivo)
Lo perdido es difícil de recuperar. (participio)
Dijo lo que consideró oportuno. (oración adjetiva)

Este artículo confiere al adjetivo un carácter *abstracto* que contrasta con el
específico de las formas *el, la, los, las+*adjetivo:

Lo fácil (las cosas fáciles).   ≠ *El (libro, problema) fácil.*
Lo salado (las cosas saladas).   ≠ *La (mantequilla) salada.*

5 Artículo indeterminado

El artículo indeterminado indica que el sustantivo al que acompaña es *des-
conocido* o que su conocimiento es *indiferente* para el hablante. Carece de
género neutro:

---

[1] Naturalmente se usan los adjetivos posesivos si es necesario establecer una diferenciación o
énfasis.

Ésta es mi camisa, ésa es la tuya.
Coge tu paraguas.

[2] Véanse págs. 165, nota 2, y 192.

*Encontró **un paquete.***
*Escribió **unas cartas.***
*¿Quién es? Es **una enfermera.***

5

Presenta las siguientes formas:

a)

	masc.	fem.
sing.	un	una [1]
pl.	unos	unas

b) *Concordancia*

Al igual que la forma *la*[2], *una* se convierte en *un* ante sustantivos femeninos en singular que empiecen por la vocal *a-* o *ha-* con acento tónico. Si los sustantivos están en plural no existe cambio:

un arma ≠ *unas armas*
un hacha ≠ *unas hachas*
un alma ≠ *unas almas*

⑤ Sintaxis

Usos básicos

a) Acompaña al sujeto de la oración para *individualizarlo:*

***Un alumno** llegó tarde.*
***Unas casas** tienen garaje, otras no*[3].
*Le mordió **un perro.***

---

[1] Para muchos gramáticos las formas *un, una, unos* y *unas* son adjetivos indefinidos o de cantidad. En la oración *Encontró **un paquete,** un* puede indicar indeterminación o cantidad *(uno).*
[2] Véase nota 1 de la pág. 126.
[3] *Unos* y *unas* pueden expresar cantidad o número indeterminado y equivalen a *algunos/as.*

b) Acompaña al objeto directo de una oración también para individualizarlo:

Escribió **una/s carta/s.**
Se comió **un/os pastel/es.**

c) Se usa el artículo indeterminado después del verbo **ser** acompañando a un atributo de profesión, oficio, nacionalidad, actividad, creencia, religión, partido político, etc., para *individualizarlo,* y se omite, como ocurre con el artículo determinado, para *clasificarlo.*

(carácter individualizador)   (carácter clasificador)

Raquel es **una novelista** *famosa*[1]. ≠ *Raquel es* **novelista.**
Es **un** *conocido* **ateo.**   ≠ *Es* **ateo.**
Pedro es **un fontanero** *serio.*   ≠ *Pedro es* **fontanero.**
Es **una inglesa** *morena.*   ≠ *Es* **inglesa.**
Son **unos socialistas** *teóricos.*   ≠ *Son* **socialistas.**
Es **una chilena** *encantadora.*   ≠ *Es* **chilena.**
Soy **un mal** *católico.*   ≠ *Soy* **católico.**

d) El uso del artículo indeterminado, después del verbo **ser,** acompañando a un atributo[2] de profesión, oficio, etc., sin modificante adjetival, dota a dicho atributo de un marcado matiz de *indiferencia:*

(carácter de indiferencia)   (carácter clasificador)

Elisa es **una** *abogada (una cualquie-* ≠ *Elisa es* *abogada.*
ra; nada especial).
Es **un** *madrileño (a mí no me inte-*   ≠ *Es* *madrileño.*
resa; no tengo nada que ver con
él).
Ése es **un** *forastero (no le conozco;* ≠ *Es* *forastero.*
no me interesa).

⑥ Casos especiales

a) Omisión del artículo indeterminado ante objeto directo y atributo.

1. La omisión tanto del artículo determinado como del indeterminado

---

[1] Como se puede observar en los ejemplos, el artículo con carácter individualizador va normalmente acompañado de un adjetivo.
[2] Véase pág. 133, nota 1.

ante el objeto directo de la oración confiere a éste, como ya se ha visto, un claro carácter generalizador:

(identificador)	(individualizador)	(generalizador)
Compraron los zapa-	≠ *Compraron unos*	≠ *Compraron zapa-*
tos.	*zapatos.*	*tos.*
Vendió los libros.	≠ *Vendió unos libros.*	≠ *Vendió libros.*

2. La omisión de ambos artículos ante el atributo confiere a éste un acusado carácter *clasificador:*

(identificador)	(indiferencia)	(clasificador)
Paco es el campesi-	≠ *Paco es un campe-*	≠ *Paco es campesi-*
no.	*sino.*	*no.*
Annella es la italia-	≠ *Annella es una ita-*	≠ *Annella es italiana.*
na.	*liana.*	

3. El artículo indeterminado se omite siempre ante los adjetivos *otro, cierto, ciento* y *mil.*

4. Detrás del verbo impersonal **haber** (*hay, había,* etc.) se usa el artículo indeterminado, *nunca el determinado:*

*En la plaza hay **un** quiosco de periódicos.*
*En la reunión había **un** tipo extraño.*

⑦ Artículo determinado e indeterminado contrastados

a) Acompañando al sujeto de la oración, el artículo determinado *identifica,* el indeterminado *individualiza:*

(identificación)	(individualización)
El alumno llegó tarde.	≠ *Un alumno llegó tarde (los demás no).*
El río traía mucha agua.	≠ *Un río traía agua (los otros no).*
Las secretarias se reunieron des-	≠ *Unas secretarias se reunieron*
pués de comer.	*después de comer (otras no).*

b) Acompañando el objeto directo de la oración, el artículo determinado *identifica* y el indeterminado *individualiza:*

139

(identificación)	(individualización)
Escribió **las** *cartas.*	≠ *Escribió* **unas** *cartas.*
Preparó **la** *lección.*	≠ *Preparó* **una** *lección.*

c) Acompañando al atributo de nacionalidad, profesión, oficio, etc., el artículo determinado lo *identifica,* el indeterminado lo *individualiza* o expresa indiferencia hacia él:

(identificación)	(individualización/indiferencia)
Juan es **el** *médico (no Pedro).*	≠ *Juan es* **un** *médico (de tantos; uno más).*
Elisa es **la** *directora (no la otra señora).*	≠ *Elisa es* **una** *directora (de las muchas que hay ahí).*

d) Si al atributo se le añade algún modificante, normalmente un adjetivo, el artículo indeterminado confiere al atributo carácter individualizador pleno (desaparece el matiz de indiferencia):

Juan es **el** *médico.*	≠ *Juan es* **un** *médico rural.*
Elisa es **la** *directora.*	≠ *Elisa es* **una** *directora muy joven.*

SÍNTESIS DIDÁCTICA

a) El uso del artículo es uno de los problemas más complejos de la enseñanza de español a extranjeros.

b) Creemos que la manera más adecuada de presentar este problema es empleando una perspectiva sintáctico-semántica.

CURSO INTENSIVO DE ESPAÑOL

Niveles de iniciación y elemental:

Artículo determinado: 4, 9, 15, 28, 39, 44, 57, 58, 94, 103, 145, 149, 292, 304.
Artículo indeterminado: 20, 27, 73, 105, 311.
Artículo contracto: 97.

Niveles elemental e intermedio:

Artículo determinado: 4, 22, 42, 130, 144, 216, 223, 228, 249, 271, 278, 288, 324, 336, 348, 351, 365.
Artículo enfático: 336.
Artículo indeterminado: 288, 324, 330, 345, 351.
Artículo contracto: 10.
Contraste entre artículos: 324, 351, 365.

Niveles intermedio y superior:

Artículo determinado: 163.
Indeterminado (usos y omisiones): 164.
Determinado (valor posesivo): 168.
Artículo determinado ≠ indeterminado: 165, 169, 297.
Artículo determinado **el** ≠ **lo:** 170.
Artículo determinado (miscelánea): 296.

II.2

El adjetivo calificativo

1. *Concepto y función*

☐ **Morfología**

   1 *Número*
   2 *Género y concordancia*

○ **Sintaxis**

   ① *Posición y apócopes*
   ② *Grados de comparación*
   ③ *Superlativo absoluto*
   ④ *Sufijación apreciativa*

1. El adjetivo es la parte de la oración que acompaña al sustantivo determinándolo *(determinativo)*[1] o calificándolo *(calificativo)*[2]. Los adjetivos determinativos se estudian en los capítulos II.4, 5, 6 y 7 del grupo nominal. Los calificativos se estudian en el presente capítulo.

1 Número

El plural de los adjetivos calificativos se forma de manera idéntica al de los sustantivos (véanse págs. 127 y sigs.).

---

[1] Es decir, limitan al sustantivo proporcionándole diversos valores: número, posesión, etc. (*mi* mujer; *cinco* casas).

[2] Es decir, que expresan una cualidad (*buen* vino; árbol *tropical*).

142

2 Género y concordancia

El adjetivo, como parte dependiente que es, tiene el género y número que le corresponde al sustantivo al que califica o determina.

a) *Adjetivos que forman el femenino en -a*

Son los terminados en **-o** (que cambian esta **o** en **a**), los que terminan en **-an, -ón** y **-or** (añaden una **-a**) y los adjetivos de nacionalidad que acaben en consonante:

malo — *mala*
hablador — *habladora*
francés — *francesa*
alemán — *alemana*
andaluz — *andaluza*

Casos especiales

Los adjetivos de comparación *mayor, mejor, menor* y *peor* [1] tienen forma única para ambos géneros.

b) Todos los adjetivos no incluidos en los casos anteriores son invariables en cuanto al género:

El profesor **belga**. — *La profesora* **belga**.
El hombre **libre**. — *La mujer* **libre**.
El chico **joven**. — *La chica* **joven**.
El carácter **débil**. — *La voluntad* **débil**.

① Posición

a) Una de las dificultades con que se encuentra el estudiante extranjero de nuestra lengua es que muchos adjetivos pueden ir delante o detrás del sustantivo al que califican. A efectos prácticos se puede decir que *la posición básica es la pospuesta*. En esta posición el adjetivo introduce un elemento nuevo que sirve para *diferenciar* al sustantivo y separarlo del resto de los de su clase:

El clima **español**. (lo diferencia del clima de otros países)
La vida **moderna**. (la diferencia de la vida de tiempos pasados)

---

[1] Se incluyen también en este grupo *interior, exterior, superior*.

Los adjetivos diferenciativos más usuales son los de *color, nacionalidad, religión, ideología política* y *cualidades físicas:*

Un vestido azul.
Un perfume francés.
Una iglesia protestante.
El partido socialista.
La cerveza fría.
La seda natural.
Una salsa dulce.
Una habitación cuadrada.

Cuando el adjetivo va precedido por un adverbio, también se coloca obligatoriamente detrás del sustantivo al que acompaña:

Una idea manifiestamente falsa.
Una mujer singularmente bella.
Un artefacto realmente monstruoso.

b) 1. Un considerable número de adjetivos españoles preceden siempre al sustantivo. Son los llamados adjetivos *restrictivos* o *determinativos*, que llevan implícita una idea de número o cantidad *(numerales, demostrativos, posesivos* e *indefinidos):*

Cuatro habitaciones.
Aquella casa.
Nuestros abuelos.
Todo el mundo.
Otras dos pesetas.
Cada persona.
Algún libro.
etc.

2. Hay casos de adjetivos diferenciativos que por razones estilísticas se anteponen al sustantivo, constituyendo así frases hechas:

Bellas Artes.
Sagrada Biblia.
Santos Lugares.
Santísima Trinidad.

c) Estas mismas consideraciones estilísticas hacen que, a veces, un adjetivo diferenciativo pueda preceder al sustantivo correspondiente, formando así una unidad de pensamiento, donde el adjetivo adquiere un valor subjetivo, totalizante, y no establece distinciones o diferencias. Los casos más frecuentes en que esto sucede son los siguientes:

1. Cuando el adjetivo expresa una cualidad que se entiende como propia del sustantivo:

   *El **cálido** verano.*
   *Un **terrible** estruendo.*
   *La **dulce** miel.*

2. Cuando existe una intención poética, que por definición es subjetiva y totalizante:

   *La **suave** brisa.*
   *La **ansiada** noche.*

3. Cuando existe una intención admirativa o laudatoria, muy común en el lenguaje protocolario y en el social convencional:

   *El **eminente** profesor.*
   *La **bella** y **distinguida** señorita.*
   *El **insigne** general.*

4. Cuando el adjetivo implica una cualidad en su realización más patente:

   *Estaba en **plena** calle.*
   *Esto es una **simple** imitación.*
   *Un caso de **verdadera** pena.*
   *Ocurre con **extraordinaria** frecuencia.*
   *Fue un **franco** fracaso.*
   *Es una **nueva** experiencia.*

5. El adjetivo que se añade a una frase hecha, compuesta de verbo + complemento, generalmente se antepone, aun siendo descriptivo, para no restar fuerza expresiva al sustantivo:

   *Amasó una **cuantiosa/gran** fortuna.*
   *Echó una **rápida** ojeada.*
   *Sonó una **estruendosa** carcajada.*
   *Esto guarda una **extraña** semejanza con aquello.*

6. El adjetivo que se añade a la estructura sustantivo + frase adjetival se coloca muy a menudo delante del primer sustantivo para no

romper la cohesión de la estructura y para servir así de contrapeso
a la frase adjetival:

*Un **amplio** laboratorio de química.*
*El **denso** humo de los cigarrillos.*
*Los **extraordinarios** artistas del Renacimiento.*

Nota.—No ocurre así cuando el adjetivo y la frase adjetival se piensan como elementos diferenciativos:

Los cristales frontales del armario.
Las tensiones psíquicas del hombre moderno.

d) *Combinaciones de adjetivos:*

1. En oraciones de ritmo descendente, con dos o más adjetivos descriptivos o diferenciativos, lo más frecuente es que vayan detrás del sustantivo, empezando por el más corto (en sílabas) y terminando por el más largo:

   *Una escena **absurda, inesperada** e **incomprensible**.*
   *Una voz **débil, anhelante** y **entrecortada**.*

2. Cuando hay dos adjetivos, cada uno de los cuales modifica o califica por separado al sustantivo, éstos van unidos por la conjunción *y:*

   *Es un caso de inferioridad **física** y **psíquica**.*

3. Cuando uno de los adjetivos se refiere o modifica a la doble unidad formada por el sustantivo base y el otro adjetivo, no se usa *y:*

   *Una ganancia económica **líquida**.*
   *Una labor didáctica **inútil**.*

e) Hay un grupo de adjetivos muy comunes que cambian de sentido cuando se usan delante o detrás del sustantivo. Entre los más frecuentes se encuentran:

simple — *Un **simple** comentario* (sólo un comentario). ≠ *Un comentario **simple*** (un comentario sin sustancia, ingenuo).

santo — *El santo día* (todo el día). ≠ *El día santo* (día de fiesta religiosa).

antiguo/viejo — *Mi antigua/vieja casa* (mi casa anterior). ≠ *Mi casa antigua/vieja* (con muchos años).

nuevo — *Mi nuevo coche* (el que tengo ahora). ≠ *Mi coche nuevo* (que está impecable).

pobre[1] — *Es un pobre hombre* (de poco valor o ambición). ≠ *Es un hombre pobre* (sin dinero).

cierto — *Ciertas noticias* (noticias determinadas). ≠ *Noticias ciertas* (verdaderas).

triste — *Era un triste empleado* (de poca categoría). ≠ *Era un empleado triste* (no era feliz).

Apócopes

Los adjetivos *bueno, malo, grande* y *santo,* en sus formas masculinas singular y cuando *preceden* al sustantivo se apocopan en *buen, mal, gran* y *san*[2]:

*Un **buen** amigo.*
*Un **mal** momento.*
*Un **gran** hombre.*
***San** Andrés.*

② Grados de comparación

1. Como en otras lenguas, en español existen tres niveles de comparación:

   a) Igualdad.
   b) Superioridad.
   c) Inferioridad.

a) *Igualdad*

tan ... como (para adjetivos o adverbios):

*Él es **tan** inteligente **como** yo.*
*Habla inglés **tan** bien **como** tú.*

---

[1] Otros adjetivos que cambian de significado según su posición son: *maldito, dichoso, menudo, bendito* y *valiente.*

[2] No obstante, se dice *Santo Tomás* y *Santo Domingo.* El adjetivo *reciente* se apocopa en *recién* y puede ir seguido de participios en singular y en plural:

*Estoy **recién** llegado.*
*Zapatos **recién** estrenados.*

tanto-a-os-as ... *como* (para sustantivos):

*Tiene **tantos hijos como** usted.*
*Había **tanta gente como** ayer.*

tanto como (para acciones o verbos):

*Anda **tanto como** Juan.*
*No estudia **tanto como** yo.*

b) *Superioridad*

La fórmula correspondiente es:

mas ... *que* (en todos los casos):

*Soy **más fuerte que** tú.*
*Vive **más cerca** de la Universidad **que** yo.*
*Tengo **más amigos que** ella.*
*Se divierte **más que** su hermana.*

c) *Inferioridad*

La fórmula es:

menos ... *que* (en todos los casos):

*Paco es **menos trabajador que** Joaquín.*
*Gana **menos dinero que** yo.*
*Duermo **menos que** mi mujer.*

2. De los comparativos irregulares sólo mencionamos aquí las formas [1]:

bueno — **mejor**	*grande* — **mayor**
malo — **peor**[2]	*pequeño* — **menor**[3]

*Este libro es **mejor** que éste.*
*El clima del Norte es **peor** que el del Sur.*
*Tú eres **mayor** que yo, y tu hermano es **menor**.*

Con el artículo determinado delante, las formas *más, menos, mejor, peor, mayor* y *mehor* actúan como superlativos:

---

[1] Las formas irregulares *superior* e *inferior* y sus superlativos *supremo* e *ínfimo* funcionan en realidad como adjetivos independientes. Éste es un vino *superior/ínfimo*.

[2] *Mejor* y *peor* funcionan también como adverbios.

[3] *Mayor* y *menor*, referidos a personas, tienen el significado de *más/menos viejo*. Para indicar proporciones físicas se usan normalmente *más grande/pequeño*.

*Éste es **el mejor** libro de la especialidad.*
*Son **los peores** momentos de su vida.*
*Su hijo es **el más** guapo.*
*Esta ocasión es **la menos** indicada para hablar.*

3. Fórmulas correlativas:

   a) *tan* + adj./adv. + *que*

      *Esto es **tan malo que** nadie lo compra.*
      *Vive **tan cerca que** no necesita coger el autobús.*

   b) *tanto-a-os-as* + sust. + *que*

      *Había **tanta gente que** no pudimos entrar.*
      *Tengo **tanto miedo que** no puedo moverme.*

   c) verbo + *tanto que* + verbo

      ***Llueve tanto que no se seca** la ropa.*
      ***Come tanto que pesa** 120 kilos.*

Otras fórmulas de mayor complejidad son las siguientes:

1. a) *más (menos)* + *que el/(la/los/las) que*
   b) *más (menos)* + *del (la/los/las) que*

   La fórmula *a)* se usa en español cuando se comparan dos elementos sustantivales, el primero de los cuales actúa como sujeto y el segundo es el mismo sustantivo elidido:

   *Este sistema es **más nuevo que el que** vi ayer.*

   La fórmula *b)* se usa cuando el primer sustantivo actúa como objeto directo:

   *Gana **más dinero del que** declara.*
   *Ha escrito **menos artículos de los que** tú crees.*

2. *más/menos de lo que*

   Se usa cuando se comparan dos elementos verbales, omitiéndose el segundo:

   *Trabaja **más de lo que** usted piensa (que trabaja).*

*Gasto **menos de lo que** te imaginas (que gasto).*
*Gana **más en un** mes **de lo que** yo gano en un año.*
*Está **más lejos de lo que** creía.*

3. *más/menos de*+número o cantidad

Se usa en comparaciones *afirmativas:*

*Hay **más de** veinte personas esperando.*
*Estuve esperando **más de** un cuarto de hora.*
*Vinieron **menos de** la mitad de los socios.*

4. a) *No... más de*+número o cantidad
   b) *No... más que*+número o cantidad

La fórmula *a)* es la negativa correspondiente al apartado anterior. No expresa una cantidad exacta, sino sólo un límite que permite concebir una cifra inferior a la citada:

*No hay **más de** 20 personas esperando. (=Hay menos de 20 personas).*

La fórmula *b)* se emplea si aludimos a una cantidad máxima y equivale a *sólo:*

*No hay **más que** 20 personas. (=Sólo hay 20 personas).*
*No tiene **más que** un traje. (=Sólo tiene un traje).*

Esta fórmula también se emplea como oración restrictiva:

*No hace **más que** hablar. (=Sólo habla).*
*No es **más que** un ignorante.*
*No duerme **más que** de costado.*
*No sabe cantar **más que** así.*
*No dicen **más que** tonterías.*

5. *cada vez/día/año,* etc.+*más/menos*

Se trata de una fórmula comparativa muy frecuente, cuya estructura difiere en forma marcada de las fórmulas equivalentes de otras lenguas:

*Está **cada vez más** gordo.*
*Sale **cada día menos**.*
***Cada mes** avanza **más**.*

6. *cuanto/mientras más/menos ... más/menos*

Es una fórmula comparativa de relación de grado, de uso también frecuente:

Cuanto más *le escucho* **menos** *le entiendo.*
Cuanto más *dinero tiene,* **más** *avaro es.*

Una variante específica de esta fórmula es la frase hecha *cuanto antes mejor* (=lo antes posible; lo más pronto posible).

7. *tanto ... como*

Es una fórmula correlativa o de concatenación que relaciona dos elementos sintácticos iguales:

Tanto *los profesores* **como** *los alumnos están contentos.*
Es muy agradable **tanto** *con sus amigos* **como** *con sus clientes.*

Nota.—Obsérvese que si existe una preposición, ésta se repite inmediatamente después de ambas partículas:

Esto es *tanto para* mí *como para* ti.

La forma negativa de esta fórmula es *ni ... ni:*

Ni *los profesores* **ni** *los alumnos están contentos.*

③ **Superlativo absoluto**

Los dos procedimientos básicos para la formación del superlativo absoluto en español son:

a) Anteponiendo *muy* al adjetivo:

Esto es **muy** *bueno.*
Es una película **muy** *interesante.*

b)[1] Añadiendo la terminación *-ísimo-a-os-as* al adjetivo[2]:

Esta paella está **riquísima.**
Este restaurante es **carísimo.**

---

[1] Los superlativos *óptimo* > bueno, *pésimo* > malo, *mínimo* > pequeño y *máximo* > grande, son generalmente de uso literario.
[2] Los adjetivos que terminan en vocal la pierden al añadir **-ísimo.** Los que terminan en consonante simplemente añaden **-ísimo.** Los que acaban en **-n** o **-r** normalmente añaden **-císimo.**

Tu madre parece jovencísima.
Estoy tristísimo.

④ **Sufijación apreciativa**

El español cuenta con un número limitado, pero variado, de sufijos apreciativos, tradicionalmente denominados: *aumentativos, diminutivos* y *despectivos*. Estos sufijos permiten crear una cantidad casi ilimitada de derivados con matiz subjetivo y constituyen una peculiaridad de nuestra lengua que permite desbordar las limitaciones del marco gramatical y expresar el riquísimo mundo de la apreciación afectiva y de la intimidad del hablante (humor, emoción, ironía, sarcasmo, etc.).

A pesar de que el tema es fundamentalmente léxico, incluimos aquí un somero estudio de estos sufijos, con el fin de iniciar y concienciar al estudiante extranjero de la importancia y amplitud de su uso, sobre todo en la lengua hablada y familiar.

Antes de hacer la presentación de los sufijos más usuales, es conveniente aclarar que una parte considerable de los derivados formados por ellos están en trance de lexicalización o se hallan totalmente lexicalizados, en cuyo caso se pueden encontrar en los diccionarios al uso. Por otra parte, la mayoría de estos sufijos se aplica no sólo a los sustantivos, sino también a los adjetivos calificativos, indefinidos, adverbios e incluso al participio pasado y al gerundio.

Clasificación

a) *Aumentativos.*
b) *Diminutivos.*
c) *Despectivos.*

a) El valor prioritario de estos sufijos es el aumentativo. Su frecuencia con matices afectivos es escasa. Hay muchos derivados lexicalizados:

1. **-on-a.** Es el sufijo más productivo:

   *mujer**ona**, hombr**ón**, grand**ón**, sant**ón***

   Lexicalizados:

   tacón, cajón, telón, colchón

2. **-azo-a.** Generalmente con valor peyorativo:

perrazo, calorazo, botazas

Lexicalizados:

pelmazo, calzonazos, bocazas

3. **-ote-a.** Es menos frecuente que los anteriores y casi siempre con valor peyorativo:

brutote, muchachote

Lexicalizados:

cabezota, barrote, capote, palabrota

4. **-a.** Esta terminación típica del femenino puede frecuentemente adquirir valor aumentativo:

cuba, garrota, saca, frasca.

b) Los sufijos diminutivos constituyen la clase más numerosa y la que más matices afectivos puede tener. Desde el punto de vista morfológico es también donde más se manifiesta la rica variedad regional.

1. **-ito-a, -cito-a, -ecito-a.** Constituyen el grupo más productivo y se pueden aplicar a casi todas las partes de la oración. Morfológicamente, la forma **-ito** se usa con las palabras terminadas en vocal (excepto **-e**), en consonante (excepto **-n** o **-r**):

casa — casita / bajo — bajito / adiós — adiosito / Isabel — Isabelita

La forma **-cito** se usa con palabras terminadas en **-e, -n** o **-r:**

valle — vallecito / calle — callecita / tambor — tamborcito / joven — jovencito / mujer — mujercita

Excepciones:

café — cafetito/cafecito / Jorge — Jorgito

La forma **-ecito** se aplica fundamentalmente a palabras de una sílaba:

pie — piececito / voz — vocecita / tren — trenecito

2. **-illo-a, -cillo-a, -ecillo-a.** Las reglas morfológicas son exactamente igual al grupo anterior. Es muy frecuente, sobre todo en Andalucía:

chico — *chiquillo* / *nube* — *nubecilla* / *pie* — *piececillo*

Lexicalizados:

patillas / *descansillo* / *bolsillo* / *gargantilla*

3. **-ico** (Aragón y Alicante, principalmente):

mocico, pequeñico

-in-a (Asturias y N.E. de Andalucía):

chiquitín, tontina, guapina

Lexicalizados:

llavín / *botín* / *calcetín* / *serrín* / *neblina*

-iño-a (Galicia):

vaquiña, casiña, mesiña

-uco-a (Santander):

tierruca, mujeruca, ventanuco

Lexicalizados:

peluca

4. **-ete-a.** Generalmente con valor puramente diminutivo o totalmente lexicalizado:

mozalbete, palacete, vejete, amiguete

Lexicalizados:

camioneta, papeleta, pandereta, avioneta, tenderete

-(ez)uelo. Su uso cada día es más restringido:

pilluelo, jovenzuelo, ladronzuelo, chicuelo

c) Es un grupo también muy variado y abundante en formas cuyo uso general es casi siempre despectivo. Enumeramos los más frecuentes:

-aco: *libraco*
-ajo: *colgajo, migaja*
-ejo: *calleja*
-uco: *mujeruca*
-acho: *amigacho*
-astro: *camastro*
-orrio: *villorrio*
-uzo: *gentuza*
-ucho: *casucha*

EJERCICIOS

CURSO INTENSIVO DE ESPAÑOL

Niveles de iniciación y elemental:

Morfología: 79, 87, 96, 150, 279, 290, 293, 319.
Sintaxis: 113, 120, 128, 301, 309, 316, 319 (véase léxico).

Niveles elemental e intermedio:

Morfología: 68, 90, 102, 109, 116, 137, 150, 204, 216, 237, 338.
Sintaxis: 79, 85, 115, 191, 205, 262, 279, 302, 303, 312, 318, 338.

Niveles intermedio y superior:

No más de ≠ *no más de:* 307.
Apócope: 175.
Comparativos y superlativos irregulares: 176, 177.
Enfáticos: 180, 300.
Con régimen preposicional fijo: 200.
Posición: 181, 182, 183, 184, 302.
Sufijación: 284, 301.
(Véase también léxico).

II.3

Exclamaciones

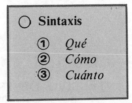

○ **Sintaxis**

① *Qué*
② *Cómo*
③ *Cuánto*

Tres de estas formas: *qué, cómo* y *cuánto* son especialmente productivas para la formación de un considerable número de esquemas o patrones exclamativos que, a su vez, tienen otros esquemas alternativos coloquiales de uso muy frecuente.

① *Qué*[1]

a) *¡Qué*+sust.!:

¡Qué mujer/hombre/coche/casa!

b) *¡Qué*+adj./*adv.!*:

¡Qué bonito/bien/lejos/alto!

c) *¡Qué*+sust.+*tan/más*+adj.!:

¡Qué coche tan/más caro!
¡Qué ciudad más fea!

---

[1] Naturalmente son la entonación y el contexto los dos factores que determinan el semantismo de estas expresiones.

156

d) *¡Qué*+adj.+*ser/estar*+sust.!:

    ¡Qué tonto es! (tu primo)
    ¡Qué cansado estoy.

e) *¡Qué*+adv.+verbo (+sust.)!:

    ¡Qué bien baila! (esa chica)
    ¡Qué lejos vives!

Alternativas coloquiales:

1. *¡Vaya*+sust.!:

    ¡Vaya coche/casa, etc./*pregunta!*
    ¡Vaya coche tan sucio!

Nota.—Obsérvese que en estos casos se puede usar el artículo indeterminado *un-a-os-as,* añadiendo a la exclamación un tono despreciativo: el sustantivo puede ir en singular o plural:

¡Vaya (un) coche/una casa/una pregunta!
¡Vaya (unos) tíos!
¡Vaya (un) nombre más raro!

---

2. *¡Vaya*+sust.+*que*+verbo!:

    ¡Vaya coche que tiene!
    ¡Vaya amigos que tiene!

3. *¡Cómo*+verbo+*de*+adj.+adv.!:

    ¡Cómo se puso de contento! (=¡Qué contento se puso!)

4. *¡Lo*+adj./adv.+*que*+verbo!:

    ¡Lo fuerte que era! (=¡Qué fuerte era!)
    ¡Lo bien que canta! (=¡Qué bien canta!)

② *¡Cómo*+verbo (+sust.)!:

¡Cómo trabaja! (tu padre)
¡Cómo vuela el tiempo!

Alternativas coloquiales:

¡Lo que+verbo (sust.)!:

¡Lo que trabaja! (tu padre)
¡Lo que vuela el tiempo!

③ *¡Cuánto!*

a) *¡Cuánto-a-os-as*+sust. (+verbo)!:

¡Cuánta gente hay aquí!
¡Cuántos amigos tenéis!

b) *¡Cuánto*+verbo (+sust.)!:

¡Cuánto trabaja/gana (Juan)!

Alternativas coloquiales:

1. *La/Qué de*+sust.+*que*+verbo!:

¡La/Qué de gente que hay aquí!
¡La/Qué de amigos que tenéis!

2. *¡Lo que*+verbo (+sust.)!:

¡Lo que trabaja/gana (Juan)!

───────── **EJERCICIOS** ─────────

CURSO INTENSIVO DE ESPAÑOL

Niveles de iniciación y elemental:

Qué (exclamativo): 242, 342, 355.
Miscelánea: 67, 253, 254, 267, 268.

Niveles elemental e intermedio: 244, 336.

Niveles intermedio y superior: 34, 110, 228.

II.4

Demostrativos

☐ **Formas**

	Masculino	Femenino	Neutro
sing.	este ese aquel	esta esa aquella	esto [1] eso aquello
pl.	estos esos aquellos	estas esas aquellas	[2]

Todas las formas incluidas en este cuadro, a excepción de las neutras, llevan acento gráfico cuando funcionan como pronombres: *éste, ése, aquél, aquélla,* etcétera.

☐1 Concepto y función

Los demostrativos son las palabras que determinan al sustantivo en el espa-

---

[1] Las tres formas neutras sólo funcionan como pronombres.
[2] Otro demostrativo, aunque más bien de uso literario, es *tal: Tales* argumentos no me convencen.

cio. Se puede decir que el español es una de las pocas lenguas que presenta una rigurosa correspondencia entre las formas *este, ese, aquel* y los adverbios de lugar *aquí, ahí, allí;* lo cual permite concretar con mayor precisión la distancia, al existir tres puntos de referencia.

Los demostrativos son básicamente pronombres que también pueden utilizarse como adjetivos.

Por extensión, estas relaciones espaciales también pueden ser temporales: *este/ese/aquel año.*

① Posición

En su uso adjetival, los demostrativos van normalmente *delante* del sustantivo:

Esta casa.
Esos chicos.
Aquellas maletas.

No obstante, cuando el sustantivo va precedido de artículo, el demostrativo se puede colocar *detrás* para expresar énfasis:

*La casa **ésta**.*
*Los chicos **ésos**.*
*Las maletas **aquéllas**.*

① Uso de las formas neutras

Las formas *esto, eso* y *aquello* se usan frecuentemente en español para referirse a cosas o acciones. Un uso muy corriente es en preguntas con las partículas interrogativas normales:

*¿Qué es **eso**?*
*¿Cuándo dijiste **aquello**?*
*¿Cuánto cuesta **esto**?*
*¿Con qué se come **eso**?*

II.5

Posesivos

> 1. *Concepto*
>
> ☐ **Morfología**
>   1 *Observaciones*
>
> ○ **Sintaxis**
>   ① *Posición y usos*

1. Los posesivos determinan al sustantivo indicando *posesión*. A diferencia de los demostrativos, los posesivos presentan dos series de formas distintas:

☐ **Morfología**

a) Formas pronominales y adjetivales (tónicas):

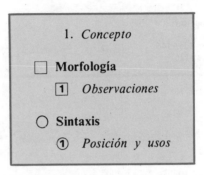

		sing.		pl.	
		masc.	fem.	masc.	fem.
(yo)	→	**mío**	**mía**	**míos**	**mías**
(tú)	→	**tuyo**	**tuya**	**tuyos**	**tuyas**
(él, ella, usted)	→	**suyo**	**suya**	**suyos**	**suyas**
(nosotros-as)	→	**nuestro**	**nuestra**	**nuestros**	**nuestras**
(vosotros-as)	→	**vuestro**	**vuestra**	**vuestros**	**vuestras**
(ellos-as, ustedes)	→	**suyo**	**suya**	**suyos**	**suyas**

Estas formas pueden funcionar como pronombres o como adjetivos. Cuando funcionan como adjetivos van siempre detrás del sustantivo:

El sombrero **tuyo.**
Los amigos **vuestros.**

b) Formas adjetivales (átonas):

		sing.		pl.	
		masc.	fem.	masc.	fem.
(yo)	→	← mi →		← mis →	
(tú)	→	← tu →		← tus →	
(él, ella. usted)	→	← su →		← sus →	
(nosotros-as)	→	nuestro	nuestra	nuestros	nuestras
(vosotros-as)	→	vuestro	vuestra	vuestros	vuestras
(ellos-as, ustedes)	→	← su →		← sus →	

Estas formas funcionan sólo como adjetivos y siempre se colocan delante del sustantivo:

Mi *madre.*
Sus *vecinos.*

1 Observaciones

1. Hay que destacar en el cuadro *b)* que los posesivos *nuestro* y *vuestro* concuerdan en género y número con la cosa poseída (por eso tienen cuatro formas: *nuestro-a-os-as, vuestro-a-os-as*), mientras que el resto de las formas del cuadro concuerdan sólo en número. Todas las formas del cuadro *a)* concuerdan en género y número con la cosa poseída:

Nuestros *abuelos.*
Vuestra *amiga.*
Mis *primos.*
Tu *cuaderno.*

Nótese que, en español, a diferencia de otras lenguas, *la concordancia de género y número no es nunca con el poseedor, sino con la cosa poseída.*

163

2. Las formas átonas *mi-s, tu-s* y *su-s* son, en realidad, apócopes de *mío-a-os-as, tuyo-a-os-as* y *suyo-a-os-as*.

① Posición y usos

1. Los posesivos, al igual que los demostrativos, funcionan como adjetivos o como pronombres. En su función adjetival estas formas pueden ir delante o detrás del sustantivo. Las formas que van delante son *átonas* y son las que se presentan en el cuadro *b)* (pág. 163):

   Mi amigo/amiga.
   Su marido/mujer.
   Nuestro dinero.

   Las formas que van detrás son *tónicas* y no solamente funcionan como adjetivos, sino también como pronombres. Son las que se presentan en el cuadro *a)* (pág. 162).

   En función adjetival:

   Un amigo mío/Una amiga mía.
   El marido suyo/La mujer suya.
   El dinero nuestro.

   En función pronominal:

   La (casa) mía es más grande.
   El (marido) suyo es más viejo.
   Los (problemas) nuestros son insolubles.

2. Cuando el adjetivo posesivo va pospuesto (uso enfático), el sustantivo va necesariamente precedido del artículo u otro determinante:

   Una hermana mía.
   Estas cosas nuestras.
   Los juguetes suyos.

3. El pronombre posesivo va precedido del artículo, como acabamos de ver. Caso particular es el posesivo usado detrás del verbo *ser,* donde puede omitirse:

   El diccionario es (el) mío.

*Esas corbatas son **(las) suyas.***
*Ese proyecto es **(el) nuestro** [1].*

4. Los pronombres posesivos admiten la sustantivación con el artículo neutro *lo* [1].

5. Dada la falta de concordancia con el poseedor (como se ha visto antes), las formas de 3.ª persona *su-s* y *suyo-a-os-as* son, muy a menudo, ambiguas porque pueden tener hasta seis poseedores distintos: *él, ella, usted, ellos, ellas* y *ustedes.* Por esta razón, *de*+pronombre personal se usa muy frecuentemente cuando el contexto no queda claro:

Su casa/La casa suya = La casa de él/de ella/de usted/de ellos/de ellas/ de ustedes [2].

---

[1] *Toma **lo** tuyo y dame **lo** mío.*
[2] Otra forma de indicar posesión en español es mediante la preposición *de:*

*El chalet **de** Luis.*
*Los amigos **de** Margarita.*

——— EJERCICIOS ———

CURSO INTENSIVO DE ESPAÑOL

Niveles de iniciación y elemental:

Morfología: 86, 95, 104, 112, 119, 127, 133, 143, 281.
Sintaxis: 288, 289, 296, 302, 340.
Posesión con *ser de:* 233.

Niveles elemental e intermedio:

Morfología: 24.
Sintaxis: 66, 84, 158, 263.

Niveles intermedio y superior:

Posesivos: 130, 131.
Formas compuestas (**el de, la de,** etc.): 132.

II.6

Indefinidos

☐ **Morfología**
  1 *Concepto y función*
  2 *Clasificación*

○ **Sintaxis**
  ① *Usos básicos*
  ② *Casos especiales*

---

1 Los indefinidos constituyen un variado grupo de formas que determinan al sustantivo de manera inconcreta y cuantitativa, pudiendo algunos de ellos funcionar también como pronombres.

2 Se pueden clasificar en tres grupos:

1. Los que funcionan como pronombres.
2. Los que funcionan como pronombres y adjetivos/adverbios[1].
3. Casos especiales.

① 1. Los de uso más frecuente en este grupo son:

> **algo, alguien, nada, nadie**

Una característica común a estas cuatro formas es que ninguna de ellas varía en género o número. Se pueden agrupar en dos pares: **nada** se opone a **algo** (ambos son neutros), y **nadie** se opone a **alguien**. El primer par hace referencia a cosas o conceptos y el segundo par a personas[2].

algo: { *¿Has comido **algo**?* (uso pronominal)
{ *Este tipo es **algo** aburrido.* (uso adverbial)

---

[1] Véase el capítulo dedicado al ***adverbio*** para los usos comunes, págs. 200 y siguientes.
[2] En este primer grupo puede incluirse también la forma *cualquiera* y su plural *cualesquiera*.

nada:
$\begin{cases} \textit{No has comido } \textbf{\textit{nada}}. \text{ (uso pronominal)} \\ \textbf{\textit{Nada}} \textit{ es inútil.} \text{ (uso pronominal)} \\ \textit{La película no era } \textbf{\textit{nada}} \textit{ interesante.} \text{ (uso adverbial)} \end{cases}$

alguien: *¿Hay **alguien** aquí?*

nadie: *No me quiere **nadie** / **Nadie** me quiere.*

Observaciones

a) Cuando *algo* y *nada* funcionan como adverbios, modifican a adjetivos, participios o adverbios de modo:

*Este crucigrama no es **nada** fácil.*
*Estoy **algo** cansado.*
*Esa película no está **nada** mal.*

b) Cuando el verbo va precedido de la partícula *no,* el idioma español admite de manera natural los indefinidos negativos *nada* y *nadie,* sin que las dos negaciones se contrarresten:

*No has comido **nada**.*
*No vi a **nadie**.*

Sin embargo, cuando preceden al verbo, *nada* y *nadie* eliminan el uso de *no:*

***Nadie/Nada** es perfecto.*
***Nadie** sabe nada.*

2. Indefinidos que pueden funcionar como pronombres y adjetivos o adverbios:

> **alguno, ninguno, demasiado, mucho, otro, poco, todo, uno** [1].

Estas formas admiten variación de género y número *(demasiado-a-os-as),* excepto *ninguno,* que sólo varía en género *(ninguno-a).*

Cuando actúan como adjetivos, preceden al sustantivo normalmente:

alguno:
$\begin{cases} \textit{Tiene que estar en } \textbf{\textit{algún}} \textit{ lugar.} \text{ (uso adjetival)} \\ \textit{Tiene } \textbf{\textit{algunos}} \textit{ libros interesantes.} \text{ (uso adjetival)} \\ \textbf{\textit{Algunos}} \textit{ son muy buenos.} \text{ (uso pronominal)} \end{cases}$

---

[1] *Uno* se trata en el apartado dedicado al **artículo indeterminado.** También podrían añadirse aquí las formas *varios/as* y *cierto-a-os-as.*

ninguno:	*No tiene **ninguna** amiga aquí.* (uso adjetival)
	***Ningún** bolígrafo escribe.* (uso adjetival)
	***Ninguno** (de los alumnos) aprobó.* (uso pronominal)

demasiado:
*Tiene **demasiados** defectos.* (adjetival)
*Se presentaron a la entrevista **demasiados** (solicitantes).* (pronominal)
*Habló **demasiado**.* (adverbial)
*Esto es **demasiado** difícil.* (adverbial)

mucho:
*Tengo **mucho** frío.* (adjetival)
*Faltaron **muchos** (alumnos) al examen.* (pronominal)
*Se divirtieron **mucho**.* (adverbial)
*Mi coche es **mucho** más rápido.* (adverbial)

otro:
(No admite nunca el artículo indefinido delante.)
*Necesita **otra** oportunidad.* (adjetival)
*¡Déme **otro**, por favor!* (pronominal)

poco:
*Tenemos **poco** tiempo.* (adjetival)
*Han traído **pocos** (regalos).* (pronominal)
*Duerme **poco**.* (adverbial)
*Es **poco** inteligente.* (adverbial)

todo:
***Todos** los sitios estaban cubiertos.* (adjetival)
*Estaba reunida **toda** la familia.* (adjetival)
*Vi a **todos**.* (pronominal)

Observaciones

a) *Demasiado, mucho* y *poco* pueden funcionar también como adverbios, como se ve en los correspondientes ejemplos anteriores. En esa función modifican a verbos, adjetivos o a adverbios de modo.

b) *Alguno* y *ninguno* se apocopan en *algún* y *ningún* (véanse ejemplos) cuando preceden a un sustantivo masculino y singular. Las formas *alguna* y *ninguna* también se apocopan en *algún* y *ningún* si preceden a sustantivos femeninos que empiezan por la vocal *a-* con acento fónico: *algún alma, ningún arma.*

c) *Alguno* y *ninguno,* usados como pronombres, compiten con *alguien* y *nadie,* respectivamente. La diferencia estriba en que los dos primeros tienen un carácter partitivo, es decir, la partícula *de+* nombre o pronombre está expresa o tácita:

Ninguno de ellos aprobó. = *Ninguno aprobó.*

3. *Casos especiales*

Incluimos en este apartado **bastante** y **cada** por la variedad de matices que presentan.

a) *Bastante*

Es el único indefinido que sólo tiene variación de número *(bastante-s)*. Posee los siguientes valores:

1. Adjetival:

   *Vimos **bastantes** cigüeñas.*

2. Pronominal:

   ***Bastantes** (invitados) llegaron tarde.*

3. Adverbial:

   *Este ejercicio está **bastante** mal.*

4. Matiz adverbial de suficiencia:

   *No comieron **bastante** = suficiente.*

5. *Bastante = mucho:*

   *Tiene **bastantes** / **muchos** amigos.*

Se debe prestar atención a este último matiz porque constituye un uso muy característico del español y muy corriente a nivel coloquial.

b) *Cada*

La particularidad de este indefinido distributivo, comparada con el resto de los indefinidos, es, por un lado, su invariabilidad respecto al género y al número, y por otro, que siempre funciona como adjetivo:

***Cada** soldado recibió una bolsa de víveres.*
*Hay un gobernador civil en **cada** provincia.*

En muchas ocasiones los estudiantes extranjeros de nuestra lengua confunden el uso de *cada* con el de *todo: Voy a clase **todos los días*** es la fórmula normalmente empleada en español para indicar acción habitual. El uso de *cada día* (u otros similares con expresiones de tiempo) no es común.

Una fórmula comparativa muy corriente y característica del español es: *cada vez más/menos:*

*Trabaja **cada vez más**.*
*Estoy **cada vez más** contento.*

EJERCICIOS

CURSO INTENSIVO DE ESPAÑOL

Niveles de iniciación y elemental: 234, 241, 247, 265, 360, 368, 372, 373.

Niveles elemental e intermedio: 151, 230, 295, 352.

Niveles intermedio y superior:

Contrastes entre **alguien, cualquiera, algo, nadie, ninguno**, etc.: 290.
Contrastes entre **tal, ambos, cierto, semejante**, etc.: 291.
Indefinidos numerales y demostrativos (miscelánea): **uno, ambos, ninguno, tal**, etc.: 146.

II.7

Numerales

1. Los numerales son los indefinidos cuantificadores por excelencia. Tradicionalmente se dividen en *cardinales* y *ordinales*.

1 Cardinales

Sus formas básicas son las siguientes:

1 = uno	13 = trece
2 = dos	14 = catorce
3 = tres	15 = quince
4 = cuatro	16 = dieciséis
5 = cinco	17 = diecisiete
6 = seis	18 = dieciocho
7 = siete	19 = diecinueve
8 = ocho	20 = veinte
9 = nueve	21 = veintiuno
10 = diez	22 = veintidós...
11 = once	30 = treinta
12 = doce	31 = treinta y uno...

40 = cuarenta	101 = ciento uno...
50 = cincuenta	110 = ciento diez...
60 = sesenta	1.000 = mil
70 = setenta	2.000 = dos mil...
80 = ochenta	1.000.000 = un millón
90 = noventa	2.000.000 = dos millones
100 = cien	1.000.000.000.000 = un billón

Observaciones

En general, el sistema de numerales cardinales en español es bastante regular, pero conviene tener en cuenta las siguientes peculiaridades:

a) Pueden ser adjetivos y pronombres. En función adjetiva normalmente preceden al nombre:

Doscientos hombres.
Cuatro sillas.

b) *Uno,* como numeral, tiene variación de género y se apocopa en la forma masculina cuando precede al nombre *(un hombre, una casa).*

Excepto *uno, ciento* y *millón* (en plural), todos los demás numerales tienen forma única y no varían ni en género ni en número.

c) Nótense estas irregularidades:

5 = cinco — 500 = **quinientos**
7 = siete — 700 = **setecientos**
9 = nueve — 900 = **novecientos**

Los números desde el 16 al 29 inclusive se escriben generalmente en una sola palabra, aunque también admiten la escritura con tres palabras:

28 = *veintiocho/veinte y ocho*
19 = *diecinueve/diez y nueve*

d) El número 100 ofrece estos puntos de interés:

Como adjetivo se lee *cien* y es forma apocopada invariable para los dos géneros:

cien hombres — **cien** mujeres

Los compuestos de este número se escriben en una sola palabra, cuyo segundo elemento es *cientos/as,* según el género:

doscientos árboles — **setecientas** páginas — **novecientas** personas

Es importante observar que la forma *ciento* es de uso obligado cuando va seguida de unidades o decenas:

106 = *ciento seis*
130 = *ciento treinta*

e) Conviene también recordar que la conjunción *y* sólo se emplea en español entre decenas y unidades; nunca entre centenas y unidades o entre centenas y decenas:

66 = *sesenta y seis*
202 = *doscientos dos*
350 = *trescientos cincuenta*

f) Entre la palabra *millón/millones* y un nombre va siempre la preposición *de:*

*Dos millones **de** habitantes.*
Dos millones setecientos mil habitantes. (sin ***de)***

g) Los demás determinantes (artículos, demostrativos, posesivos, indefinidos) preceden siempre a los numerales:

***Estos** cuatro puntos.*
***Sus** dos hermanos.*
***Otros** tres casos.*

2 Ordinales

Aunque los ordinales tiene formas propias para todos los números, en la práctica real sólo interesa conocer hasta el diez:

(cardinales)	(ordinales)
uno	— *primero*
dos	— *segundo*
tres	— *tercero*
cuatro	— *cuarto*
cinco	— *quinto*
seis	— *sexto*
siete	— *séptimo*
ocho	— *octavo*
nueve	— *noveno*
diez	— *décimo*

Observaciones

a) Los ordinales pueden preceder o seguir al sustantivo:

*piso **segundo** — **segundo** piso*

excepto en el caso de reyes y papas, en que van siempre pospuestos:

*Juan Carlos **primero**.*
*Pablo **sexto**.*

b) Todos estos ordinales tienen forma masculina y femenina[1]:

***cuarto** día ≠ **cuarta** vez*

Primero y *tercero* se apocopan en su forma masculina cuando preceden al sustantivo:

***primer** caso ≠ **primera** parte*
***tercer** mundo ≠ **tercera** edad*

c) Después de *décimo,* normalmente el español utiliza los cardinales con valor ordinal:

*Alfonso **trece**.*
*El **veinte** aniversario.*
*El piso **catorce**.*

d) Cuando se expresan en forma numérica, los ordinales se indican mediante una *o/a* minúsculas voladas:

***2.ª** puerta*
***3.ª** planta*
***4.º** piso*

---

[1] También tienen plural, pero su uso es menor, excepto *primero* y *segundo:*
*Somos los **cuartos**.*
*Los **primeros** días de abril.*
*Las **segundas** jornadas.*

174

Lectura de:

Horas:

¿Qué hora es?
> 1   *(es la una).*
> 2   *(son las dos).*
> 3.10   *(son las tres y diez).*
> 4.15   *(son las cuatro **y cuarto**).*
> 5.30   *(son las cinco **y media**).*
> 2.40   *(son las tres **menos veinte**/son las dos cuarenta).*
> 6.45   *(son las siete **menos cuarto**/son las seis cuarenta y cinco).*

Teléfonos:

2-43-56-62   *(dos, cuarenta y tres, cincuenta y seis, sesenta y dos).*
12-14-43   *(doce, catorce, cuarenta y tres).*

También se admiten la lectura por números separados.

Fechas:

2-7-84   *(dos de julio de mil novecientos ochenta y cuatro/dos del siete del ochenta y cuatro).*

Se dice: ***el uno/primero*** *de septiembre...,* pero para los demás días se usan los cardinales:

*el **dieciséis** de noviembre, etc.*

Operaciones aritméticas:

$2+2=4$ *(dos **más** dos es igual a cuatro).*
$6-2=4$ *(seis **menos** dos es igual a cuatro).*
$4\times4=16$ *(cuatro **por** cuatro es igual a dieciséis).*
$10:2=5$ *(diez **dividido por** dos es igual a cinco).*

Temperaturas:

$20°$ *(estamos a veinte grados).*
$-5°$ *(estamos a cinco grados **bajo cero**).*
$+3°$ *(estamos a tres grados **sobre/por encima de** cero).*
$0°$ *(estamos a cero grados).*

Pesos y medidas:

1/2 litro   *(medio litro).*
1/4 kg.   *(cuarto kilo/un cuarto de kilo).*
1 y 1/2 kg.   *(un kilo y medio).*
3/4 l.   *(tres cuartos de litro).*

*Pablo mide 1,70 **(uno setenta/un metro setenta centímetros)** de altura/estatura.*
*La habitación mide 7×4 m. **(siete metros de largo por cuatro de ancho).***
*Iba conduciendo a 90 km. **(noventa kilómetros por hora).***

--- **EJERCICIOS** ---

CURSO INTENSIVO DE ESPAÑOL

Niveles de iniciación y elemental:

Morfosintaxis: 10, 16, 21, 29, 66, 72, 80, 81, 91, 98, 106, 134, 135, 136, 142, 144, 152, 186, 193.

Niveles elemental e intermedio:

Morfosintaxis: 36, 48, 78, 157, 164, 170, 184, 190, 241, 357.

Niveles intermedio y superior:

Cardinales y ordinales: 140, 143, 285.
Ordinales: 141.
Números romanos: 142, 286.
Modismos con numerales: 144.

II.8

Pronombres personales

1. *Formas tónicas*	2. *Formas átonas*
☐ Morfología	☐ Morfología
Observaciones	○ Sintaxis
	Observaciones
	Casos de concurrencia
	de dos pronombres átonos

Los pronombres personales sirven para sustituir a los nombres de las personas que, de una u otra forma, participan en el acto de la comunicación. A efectos de claridad y facilidad de aprendizaje, presentamos las formas de los pronombres personales en dos apartados:

1. Formas tónicas.
2. Formas átonas.

1 *Formas tónicas*

El cuadro de estas formas es:

	sing.	pl.
1.ª pers.	**yo**	**nosotros-as**
2.ª pers.	**tú**	**vosotros-as** [1]
3.ª pers. [2]	**él/ella/usted**	**ellos/ellas/ustedes**

---

[1] Esta forma es típica del español peninsular.
[2] Existe un neutro, *ello,* de uso poco común.

Observaciones

a) Lo primero que hay que destacar es la existencia de cuatro formas para la 2.ª persona del singular y del plural: *tú/usted/vosotros-as/ustedes*. Esta dualidad responde a un tratamiento *de confianza (tú/vosotros)* y a otro *de respeto (usted/ustedes)* [1].

b) Las formas *usted/ustedes* se han colocado, en el cuadro precedente, junto a las de las terceras personas. La razón es que les corresponde la misma forma verbal:

él/ella/usted canta, duerme, pasea, etc.
ellos/ellas/ustedes cantan, duermen, pasean, etc.

Esta regla se cumple también con respecto a todas las formas átonas que se presentan en cuadros sucesivos.

c) El estudiante extranjero debe tener muy en cuenta que estas formas se utilizan muy poco en función de sujeto delante del verbo, ya que las desinencias verbales en español indican con total nitidez las diferentes personas. Así, en el lenguaje normal, se dice: *como, viajas, estudiamos, suben*, etc., y no *yo como, tú viajas, nosotros estudiamos, ellos suben*, etc. Cuando el hablante nativo usa estas formas sujeto, normalmente se pretende dar un matiz de énfasis o intensidad.

d) *Uso con preposiciones.* Todos estos pronombres, excepto *yo* y *tú*, suelen ir precedidos de preposiciones:

para usted; con ellos; a él; de nosotros; por ellas; entre vosotros, etc.

e) Los pronombres *yo* y *tú*, precedidos de preposiciones cambian a *mí* y *ti*, respectivamente [2]:

para mí/ti; a mí/ti; de mí/ti; por mí/ti

f) En el caso concreto de la preposición *con*, se dice *conmigo* y *contigo*, respectivamente:

¿Vienes conmigo?
¿No comió contigo?
Estudia conmigo.

---

[1] Las formas escritas de *usted* y *ustedes* muy frecuentemente se abrevian en *Vd.* y *Vds.*
[2] Desviaciones de esta norma son las preposiciones *entre* y *según:*

Entre tú y yo no hay nada.
Según tú, no hay ningún problema.

Formas átonas

El cuadro de estas formas es:

	sing.	pl.
1.ª pers.	**me**	**nos**
2.ª pers.	**te**	**os**
3.ª pers.	**le/la/lo**	**les/las/los**

○ **Sintaxis**

Observaciones

a) Las formas *me, te, nos* y *os* expresan tanto el objeto directo como el indirecto y todas ellas preceden a las formas personales del verbo:

(él) **me/te/nos/os** *vio.* (objeto directo)
(él) **me/te/nos/os** *dio un regalo.* (objeto indirecto)

b) Las formas de tercera persona *lo-s* (persona, cosa, masculino) y *la-s* (persona, cosa, femenino) se usan para expresar el objeto directo y también preceden a las formas personales del verbo:

(yo) **lo/los/la/las** *vi.*
(tú) **lo/los/la/las** *saludaste.*
(usted) **lo/los/la/las** *tiene.*

c) La forma *le/les*[1] se usa para expresar el objeto indirecto, sin distinción de género, e igualmente precede a las formas personales del verbo:

(yo) **le/les** *di el regalo.*
(tú) **le/les** *llevaste las maletas.*
(usted) **le/les** *explicó mal el asunto.*

d) Además del uso consignado en el apartado anterior, la forma *le/les* puede referirse al *objeto directo masculino de persona* alternando con *lo/los:*

(yo) **los/les** *vi.*
(tú) **los/les** *saludaste.*

---

[1] Un vicio muy extendido en el español peninsular es la sustitución del obj. indirecto femenino *le* por el directo *la*. Este fenómeno se conoce como *laísmo. La* escribí una carta a *Luisa* en vez de *Le* escribí una carta a *Luisa.*

Esta alternancia sólo es posible cuando *les-s* y *lo-s* se refieren a personas masculinas. Cuando la referencia es a cosas de género masculino, la única forma aceptable en el lenguaje cuidado es *lo-s*[1].

e) La forma **lo,** además del uso ya estudiado, puede referirse a acciones o conceptos y, por tanto, puede sustituir a oraciones completas:

Lo comprendo, pero no lo acepto.

Lo aquí sustituye a *lo que hace, dice, piensa*, etc.:

No lo entendía. (*lo que su padre decía, opinaba*, etc.)

f) Especialmente interesante es el uso del pronombre neutro **lo** en respuestas cortas para sustituir y resumir el concepto contenido en la pregunta.

¿Estás cansado?	— *Sí, lo estoy.*
¿Necesita usted algo más?	— *Sí, lo necesito.*
¿Están de acuerdo con nosotros?	— *No, no lo están.*
¿Sabes por qué se enfadaron?	— *No, no lo sé.*

Estas respuestas cortas constituyen en realidad una fórmula con unos elementos fijos: *sí/no+lo+*verbo.

g) Se ha dicho que todas estas formas átonas se colocan delante de las formas personales del verbo. Sin embargo, con las formas del imperativo *afirmativo* se colocan detrás, formando una sola palabra:

Dame el billete. ≠ *No me des el billete.*
Míralos. ≠ *No los mires.*

h) El gerundio y el infinitivo, como formas no personales del verbo, *exigen* el pronombre átono *detrás,* formando una sola palabra:

Hacerlo o no hacerlo.
¿Qué hago, visitarle o no visitarle?
Presentándolo así me gusta.
Haciéndome ese favor pagarás la deuda.

---

[1] A esta desviación de la norma se la conoce bajo el nombre de *leísmo.* El libro *le* compré en vez de El libro *lo* compré.

180

Sin embargo, a un nivel más frecuente y coloquial, tanto el gerundio como el infinitivo suelen ir precedidos de diferentes verbos auxiliares en forma personal, y en ese caso existe en español la posibilidad de anteponer el pronombre al verbo:

Estoy escribiéndole una carta.	= *Le estoy escribiendo una carta.*
Necesito verte esta semana.	= *Te necesito ver esta semana.*
Quería deciros algo importante.	= *Os quería decir algo importante.*
Llevan estudiándolo un año.	= *Lo llevan estudiando un año.*

i) El orden básico de los elementos de la oración (sujeto + verbo + objeto directo + objeto indirecto) es alterado frecuentemente en español cuando se desea enfatizar cualquiera de ellos.

Tanto el objeto directo como el indirecto pueden encabezar la oración, y en dicho caso, la lengua española exige la presencia de un pronombre átono (uso pleonástico) que tiene un carácter redundante desde el punto de vista semántico, pero cuya presencia es obligada desde el punto de vista sintáctico:

1. Objeto directo anticipado:

El vaso lo rompió el niño.	— *El niño rompió el vaso.*
La avería la reparó el mecánico.	— *El mecánico reparó la avería.*
Los pasteles los hizo Marta.	— *Marta hizo los pasteles.*

2. Objeto indirecto anticipado:

Al zapatero le entregué los zapatos.	— *Entregué los zapatos al zapatero.*
A Anita le pedimos la calculadora.	— *Pedimos la calculadora a Anita.*
Al tendero le dio las gracias.	— *Dio las gracias al tendero.*

Es muy importante recordar que en el caso del objeto directo, las fórmulas átonas son lo, la, los, las (o le/les cuando se trata de personas masculinas). En el caso del objeto indirecto sólo se consideran correctas las formas le/les.

Casos de concurrencia de dos pronombres átonos

1. Como ocurre en la mayoría de las lenguas, también en español los pronombres átonos de objeto directo e indirecto pueden concurrir en una misma oración. En tal caso el orden *obligado* en español es: forma de objeto indirecto+forma de objeto directo:

   Me lo cuentas demasiado rápido.
   Te lo he dicho ya.
   Nos los han pagado muy bien.
   Os la vamos a enviar en seguida.

2. Recordemos que, en la 3.ª persona, las formas de objeto indirecto son **le** o **les.** Cuando estas formas concurren con las de objeto directo de la misma persona, por razones de eufonía se transforman en la forma única **se:**

   Se los dio por la mañana. (a usted)
   Se las he puesto encima de la mesa. (a él)
   Se lo he dicho ya. (a ellos)
   Se **lo** *prohíbo.* (a los niños)

   Dado que la forma **se** es muy ambigua (puede referirse a *él, ella, usted, ellos, ellas, ustedes),* frecuentemente se refuerza con la preposición *a*+pronombre tónico o sustantivo que puede ir al principio o al final de la oración:

   *Se lo he dado **al** portero.*
   *Se lo prestaron **a** ella.*

   > Es práctico recordar que el segundo elemento de la combinación obj. ind.+ obj. dir. es *siempre* un pronombre que empieza por *l-.*

3. La tendencia al uso redundante (pleonástico) de los pronombres átonos es tan acentuada en español, que, con mucha frecuencia, encontramos *dos* en la misma frase: uno directo y otro directo:

   *Los zapatos **se los** entregué al zapatero.*
   *La herencia **se la** había dejado a su hermana.*
   *El palacio **se lo** compré al alcalde.*

Se observará que, en estos tres ejemplos, el objeto indirecto ocupa la posición inicial de la oración. Consecuentemente con lo ya explicado en el apartado *i)*-1, aparece el pronombre átono correspondiente **(los, la, lo)** *de uso obligado;* pero además aparece en los tres casos la forma **se** (que se refiere a los objetos indirectos *al zapatero, a su hermana* y *al alcalde*), cuya presencia *no es obligatoria,* si bien frecuente en el uso coloquial de nuestra lengua. Este empleo *superfluo* es precisamente una de las características más peculiares del sistema pronominal español.

EJERCICIOS

CURSO INTENSIVO DE ESPAÑOL

Niveles de iniciación y elemental:

Morfosintaxis: 3, 6, 88, 89, 111, 294, 295, 303, 310, 317, 322, 323, 324, 330, 331, 332, 333, 339, 345, 353, 354.

Niveles elemental e intermedio:

Morfosintaxis: 43, 49, 54, 55, 72, 77, 91, 96, 103, 124, 217, 229, 236, 272, 287, 358, 370, 371.

Niveles intermedio y superior:

Con infinitivo, imperativo y gerundio: 114, 269.
Con preposición: 108.
Sustitución: 112.
Lo ≠ **la:** 116.
Le/lo: 117.
Redundantes: 107.
Laísmo ≠ leísmo: 118.
Objetos directo e indirecto: 113, 115.
Expresión posesión e involuntariedad: 270, 271.
Cambio de orden sintáctico: 120, 121, 275.
Valor enfático y dativo de interés: 274.

II.9

Pronombres reflexivos

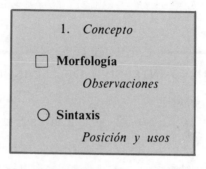

1. *Concepto*

☐ **Morfología**
   Observaciones

◯ **Sintaxis**
   Posición y usos

1. La característica fundamental de los pronombres reflexivos es que siempre se refieren al sujeto de la oración.

☐ Formas

Las formas del pronombre reflexivo coinciden íntegramente con las de los pronombres personales átonos **(me, te, nos, os)** excepto en la 3.ª persona, singular y plural, que tiene formas diferentes:

> **se[1]/sí/consigo**

Observaciones

a) Hay que hacer hincapié en que las tres formas de 3.ª persona valen tanto para el singular como para el plural:

(él/ella/usted) **se** *lava.*
(ellos/ellas/ustedes) **se** *lavan.*

---

[1] No se debe confundir este uso de **se** reflexivo con otros usos posibles: impersonal, de pasiva refleja (véanse págs. 99 y sigs.).

b) La forma **sí** (análoga a *mí, ti,* ya estudiadas) se usa con preposiciones y pertenece al lenguaje cuidado:

Apartó la silla de sí. = *Apartó la silla de él.*

Corrientemente aparece seguida de la palabra *mismo-a-os-as:*

Trabajan para sí mismos. = *Trabajan para ellos mismos.*

c) La forma **consigo** (análoga a *conmigo, contigo),* se emplea exclusivamente cuando es necesario el uso con la preposición *con.* Como la forma anterior, muy frecuentemente, va acompañada de *mismo-a-os-as:*

Nunca llevaba dinero consigo.
Se enfadó consigo misma.
Hablaba consigo mismo.

○ **Posición**

Los pronombres reflexivos se colocan siempre *delante* de las *formas personales* del verbo:

Tú te afeitas mal.
Nos vestimos en seguida.

Pero hay que recordar que, al igual que los personales (véase pág. 180), siguen a la forma afirmativa del imperativo formando una sola palabra con ella:

¡Desnúdate en esa habitación!
¡Lávese usted las manos!

Si se trata de las formas no personales, infinitivo y gerundio, también se posponen necesariamente, a no ser que el infinitivo o gerundio vayan precedidos de un verbo auxiliar:

¿Quiere usted sentarse?	= *¿Se quiere usted sentar?*
Van a bañarse en la piscina.	= *Se van a bañar en la piscina.*
Está curándose la herida.	= *Se está curando la herida.*
Lleva duchándose media hora.	= *Se lleva duchando media hora.*

○ **Usos**

Con fines metodológicos conviene hacer una división muy precisa: *usos reflexivos* **propios** y *usos reflexivos* **no propios.**

1. *Usos reflexivos* **propios**

   En el primer caso se incluyen verbos muy corrientes cuya acción recae sobre el mismo sujeto que la ejecuta. Todos ellos son verbos transitivos:

   ¿Te has quitado el abrigo?
   Se puso el traje gris.
   No os miréis tanto al espejo.
   Siempre me lavo los dientes después de las comidas.
   Nos hacemos la cama todos los días.

   a) Nótese que, en los ejemplos anteriores, se incluyen verbos referentes a acciones de *aseo o cuidado personal y doméstico.* También hay otros que denotan *estados anímicos*, como *aburrirse, enfadarse,* etc.:

      ¿Te aburres mucho?
      ¿Se enfadó conmigo?

   b) En estrecha relación con el uso reflexivo propio está el llamado *recíproco* o de *acción mutua.* En este caso se trata de verbos en que la acción se refiere a más de un sujeto:

      Los dos amigos se saludaron efusivamente.
      Los chicos se pegaron.
      Los tres hermanos se insultaron.

      Con alguna frecuencia, y para evitar ambigüedades, este uso recíproco se refuerza con *uno-s a otro-s:*

      Se corrigieron el uno al otro.
      Nos presentamos unos a otros.

2. Usos reflexivos **no propios**

   Paradójicamente, una gran mayoría de los verbos que se usan con pronombres reflexivos no son propiamente reflexivos. Estos verbos no son sólo abundantísimos, sino también muy corrientes a nivel coloquial, de tal manera que el estudiante extranjero los encuentra ya desde sus primeros pasos en el aprendizaje del idioma español:

irse   : *Se **fue** a casa.*
enfadarse : *Se ha **enfadado** mucho.*
equivocarse: *Te has **equivocado**.*
creerse   : *Se lo **cree** todo.*

EJERCICIOS

CURSO INTENSIVO DE ESPAÑOL

Niveles de iniciación y elemental:

Morfosintaxis: 169, 170, 171, 172, 177, 178, 325, 366.
Falsos reflexivos: 295, 331.

Niveles elemental e intermedio:

Morfosintaxis: 54, 63, 64.
Falsos reflexivos: 43, 77, 370.

Niveles intermedio y superior:

Verbos que cambian de significado con **se** (forma simple y pronominal): 87, 259, 277.
Falsos reflexivos (verbos seudoimpersonales): 23, 109.

II.10

Pronombres relativos

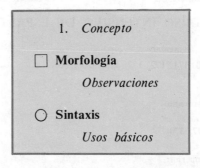

1. *Concepto*

☐ **Morfología**

   Observaciones

○ **Sintaxis**

   Usos básicos

1. Los relativos son un reducido número de pronombres que tienen un carácter distinto de los demás. Por un lado, sustituyen a un sustantivo o a una acción, su *antecedente;* pero, por otro lado, sirven de enlace entre una oración principal y otra subordinada formando parte de esta última desde el punto de vista sintáctico. Conviene decir ahora que el pronombre relativo concuerda en género y número con su antecedente cuando ello es posible. A efectos prácticos, existen dos categorías de relativos: *los pronombres* y los *adverbios relativos.*

☐ **Formas de los pronombres relativos**

> **que, quien-es, cual-es, cuyo-a-os-as**

Observaciones

a) De estas formas hay una totalmente invariable **(que);** dos que tienen sólo variación de números **(quien-es** y **cual-es)** y otra que tiene variación de género y número **(cuyo-a-os-as).**

b) Las formas **que** y **cual,** debido a sus limitaciones morfológicas, se ayudan del artículo determinado para expresar la concordancia con mayor precisión:

el/la/lo/los/las que
el/la/lo cual — los/las cuales

En el caso de **cual** la presencia del artículo es obligada.

○ Observaciones prácticas sobre el uso de los relativos

La presentación tradicional de los pronombres relativos, tratándolos individualmente, no resulta adecuada didácticamente para el estudiante extranjero que, con harta frecuencia, se encuentra ante un dilema para elegir entre unas u otras formas. Simplificaremos este problema centrándolo en el *antecedente.* Es decir: la palabra o acción a la que se refiere el relativo. Teniendo en cuenta su naturaleza dividiremos el problema en dos apartados:

a) Antecedente de persona:

   1. El antecedente es *sujeto* de la oración de relativo[1]:

      *El periodista **que** dio la noticia es americano.*
      *El dentista **que** me arregló los dientes es muy caro.*

> **El único relativo posible en estos casos es *que.***

   2. El antecedente es *objeto directo* de la oración de relativo:

$$\textit{El profesor} \begin{cases} \textit{que} \\ \textit{al que} \\ \textit{a quien} \\ \textit{al cual} \end{cases} \textit{trajimos en el coche era inglés.}$$

$$\begin{matrix} \textit{¿Has oído al cantante} \\ \textit{francés} \end{matrix} \begin{cases} \textit{que} \\ \textit{al que} \\ \textit{al cual} \\ \textit{a quien} \end{cases} \textit{mencionaron por la radio?}$$

---

[1] Véanse págs. 87, 88 y 89.

En este caso, como se ve, hay varias opciones que se dan por orden de frecuencia. «*Que*» es la posibilidad más simple y aconsejable[1].

3. Relativo precedido de *preposición*.

Se trata de una variante del punto anterior, puesto que con el objeto directo de persona normalmente aparece la preposición **a**. Las opciones con cualquier otra preposición son las mismas.

$$
\textit{Éste es el hombre con} \left\{ \begin{array}{l} \textit{el que} \\ \textit{quien} \\ \textit{el cual} \\ \textit{que} \end{array} \right\} \textit{yo me casaría.}
$$

$$
\textit{El policía} \left\{ \begin{array}{l} \textit{del que} \\ \textit{de quien} \\ \textit{del cual} \\ \textit{de que} \end{array} \right\} \textit{te hablé se jubila este año.}
$$

$$
\textit{El editor para} \left\{ \begin{array}{l} \textit{el que} \\ \textit{quien} \\ \textit{el cual} \end{array} \right\} \textit{escribo este libro es extranjero.}
$$

Obsérvese que en este último caso *el orden de las preferencias varía*. «Que» *pasa al último lugar; y cuando la preposición tiene dos o más sílabas, que no se puede usar.*

4. *Cuyo-a-os-as.*

Este relativo se utiliza únicamente para expresar la *posesión* y equivale a *de quien, del que, del cual* en sentido posesivo:

*Es un árbol **cuyo** nombre desconozco[2].*
*Son políticos **cuya** historia es poco clara.*
*Tiene un amigo **cuya** simpatía es extraordinaria.*
*Es una mujer de **cuyas** dotes no tengo la menor duda.*
*Es un tipo con **cuyos** proyectos no me identifico.*

---

[1] En algunas de las alternativas que se presentan en este y otros apartados siguientes puede naturalmente haber hablantes nativos que discrepen en el orden de preferencia de las formas dadas.

[2] El antecedente de *cuyo* puede ser personal o no personal.

a) Antecedente no personal.

1. El antecedente es sujeto u objeto de la oración principal:

   *El problema **que** tenemos es tremendo.*
   *Leí el libro **que** me recomendaste.*
   *La casa **que** compré está en el campo.*
   *El mes **que** viene saldré de viaje.*

   > **La única opción posible es *que*.**

2. Relativo precedido de preposición:

   Ésa es la casa en $\begin{Bmatrix} la\ que \\ que \\ la\ cual \end{Bmatrix}$ *viví veinte años.*

   Me gusta el acento con $\begin{Bmatrix} el\ que \\ que \\ el\ cual \end{Bmatrix}$ *habla.*

   Éstos son los sellos de $\begin{Bmatrix} los\ que \\ que \\ los\ cuales \end{Bmatrix}$ *te hablé.*

   La empresa para $\begin{Bmatrix} la\ que \\ la\ cual \end{Bmatrix}$ *trabajaba ha quebrado.*

   La meta hacia $\begin{Bmatrix} la\ que \\ la\ cual \end{Bmatrix}$ *nos dirigimos vale la pena.*

   El lugar desde $\begin{Bmatrix} el\ que \\ el\ cual \end{Bmatrix}$ *miramos no es el más alto.*

c) Cuando el antecedente es un *concepto* o una oración completa.

*No comprendo **lo que** te pasa.*
*Me gustó **lo que** dijo.*
*Esto es **lo que** me interesa.*
*¿Recuerdas **lo que** vimos?*
} (concepto no expreso)

> **La única opción posible es *lo que*.**

*Me dijo que llegaba tarde, **lo cual**/**lo que** me molestó.*
*Se enfadó mucho, **lo cual**/**lo que** no tenía sentido.*
*Pusieron mucho interés, **lo cual**/**lo que** es estupendo.*
} (oración completa)

Nótese la alternancia de *lo cual*/*lo que* y el empleo de una *coma* que representa una pausa oral.

d) Formas generalizadoras.

Sólo se refieren a personas:

*Los **que** se preocupan son ellos.* = ***Quienes** se preocupan son ellos.*
*El **que** puso atención aprendió más.* = ***Quien** puso atención aprendió más.*
*La **que** se reía tanto es Laura.* = ***Quien** se reía tanto era Laura.*

Nótese que, en estos casos, es posible el uso de *quien* como sujeto (en contraste con lo dicho en a-1) alternando en pie de igualdad con las formas *el*/*la*/*los*/*las que*.

Adverbios relativos

Los adverbios **como, donde, cuanto, cuando** y **según** pueden actuar como relativos sustituyendo a los relativos propios en determinadas ocasiones:

*La película no es **como** me la imaginé. (del modo **que**)*
*Se comportaba **como** hablaba. (de la misma manera **que**)*

*Éste es el pueblo **donde** he vivido diez años. (en el **que**)*
*Ésa es la carretera por **donde** se va a Alcañiz. (la **cual**)*
*Puedes beber **cuanto** quieras. (todo lo **que**)*
*El lunes es **cuando** doy la conferencia. (el día **que**)*
*Fue en agosto **cuando** le vimos. (el mes **que**)*
*Viste **según** le parece. (del modo **que**)*

EJERCICIOS

CURSO INTENSIVO DE ESPAÑOL

Niveles elemental e intermedio:

Morfosintaxis: 199, 200, 201, 202, 203, 348, 349, 350, 354, 355, 356.

Niveles intermedio y superior:

Formas generalizadoras: 134.
Miscelánea: 135, 136, 279.
Pronombres y adverbios: 137, 281, 282.
En fórmulas comparativas: 305.
Oración explicativa ≠ especificativa: 280.
(**Véase también oración de relativo pág. 87 y cuadro de ejercicios pág. 90).**

II.11

Pronombres interrogativos

```
☐ Morfología

◯ Sintaxis
    Usos y contrastes
```

☐ **Formas**

invariables			
qué **cuándo** **cómo** **dónde**			

variables			
sing.		pl.	
cuál **quién**		**cuáles** **quiénes**	

masc. sing.	fem. sing.	masc. pl.	fem. pl.
cuánto	**cuánta**	**cuántos**	**cuántas**

Todos los pronombres y adverbios relativos, a excepción de **cuyo,** pueden también utilizarse como interrogativos. Gráficamente la diferencia de función se expresa escribiendo un acento en las formas interrogativas.

1. Las siguientes formas sólo pueden funcionar sin ir seguidas de sustantivo: **cuándo, cómo, dónde, quién** y **cuál** [1]:

   *¿**Cuándo** pensáis marcharos?*
   *¿Desde **cuándo** trabaja en Iberia?*
   *¿**Cómo** le va a usted?*
   *¿**Dónde** vive Rogelio?*
   *¿De **dónde** es tu padre?*
   *¿Por **dónde** se va a la discoteca?*
   *¿**Quién** ha llamado?*
   *¿De **quién** habláis?*
   *¿Con **quién** se casó?*
   *¿**Cuál** es tu opinión?*
   *¿**Cuáles** prefieres?*

   Usos de **qué** *y* **cuál**

   A efectos metodológicos, se pueden dar las siguientes normas:

   a) *Qué* + sustantivo:

   *¿**Qué** diferencia hay?*
   *¿**Qué** paraguas es el tuyo?*
   *¿**Qué** asuntos han tratado?*
   *¿A **qué** cine vamos?*

   b) ∕ *Cuál* + *de* + pronombre/sustantivo:

   *¿**Cuál** de los dos prefieres?*
   *¿**Cuál** de éstos es el mejor?*
   *¿**Cuál** de las corbatas te vas a poner?*

   c) $\left.\begin{array}{c} Qué \\ Cuál \end{array}\right\}$ + verbo.

   En esta estructura, **qué** pregunta por la esencia, la clase o la especie, y **cuál,** por la individualidad, estableciendo una selección:

   *¿**Qué** tiene usted?* ≠ *¿**Cuál** tiene usted?*

---

[1] En la lengua hablada es relativamente frecuente el uso de *cuál* + sustantivo:
*¿**Cuál** jersey prefieres? (=¿**Qué** jersey prefieres?)*

La primera pregunta presupone un desconocimiento completo por parte del hablante. La segunda presupone un conocimiento previo y tiene una intención selectiva.

*¿**Qué** piensan ellos?*
*¿**Qué** crees tú?*
*¿**Cuál** elegiste?*
*¿Por **cuáles** se ha decidido?*

d) En contradicción aparente con la diferenciación anterior están las preguntas con el verbo **ser** del tipo:

*¿**Cuál** es la diferencia/el problema/la razón/el motivo/la dificultad...?*

que no admiten *qué* y que, de hecho, presentan problemas a muchos hablantes extranjeros.

2. Formas que pueden funcionar solas o seguidas de sustantivo: **qué** y **cuánto:**

*¿**Qué** es esto?*
*¿**Qué** dices?*
*¿**Qué** queso te gusta más?*
*¿En **qué** piensas?*
*¿Con **qué** bolígrafo escribes?*
*¿**Cuánto** cuesta eso?*
*¿**Cuántos** años tienes?*
*¿**Cuántas** veces haces gimnasia por semana?*
*¿De **cuántas** maneras se prepara el pescado?*

3. Todas estas formas, además de usarse en las oraciones interrogativas directas (que tienen signos de interrogación al principio y al final en el lenguaje escrito), también pueden usarse en las llamadas *interrogativas indirectas* que, gráficamente, no llevan signos de interrogación, pero donde el interrogativo conserva el acento. Lo normal es que, en estos casos, el verbo que introduce la interrogación sea un verbo de *lengua* o de *entendimiento:*

*Me preguntó **qué** quería.*
*No dijo **dónde** vive.*
*No recuerdo **cuánto** dinero llevaba en el bolso.*

En este tipo concreto de oraciones la forma *qué* es igual a *lo que:*

*Dime **qué** necesitas.* ≠ *Dime **lo que** necesitas.*

4. Nótese que todas estas formas interrogativas pueden también utilizarse en exclamaciones para expresar diversos matices emocionales:

   ¡Qué bonita!
   ¡Cuánto me gusta!
   ¡Cómo no!

EJERCICIOS

CURSO INTENSIVO DE ESPAÑOL

Niveles de iniciación y elemental:

Qué ≠ *cuál:* 153, 226, 227, 414.
Fórmulas interrogativas: (véase índice alfabético de conceptos).

Niveles elemental e intermedio:

Sintasis: 61, 97.

Niveles intermedio y superior:

Qué ≠ **cuál:** 15.
Interrogativa directa ≠ indirecta: 16, 56.
Preposiciones y adverbios en fórmulas interrogativas: 220, 221.

términos
de relación
y enlace

I. Adverbio

II. Preposición y conjunción

I

Adverbio

1. Concepto y función

Si se tiene en cuenta que los llamados *adverbios* son palabras difíciles de encerrar en una categoría gramatical determinada, ya que funcionan en unos casos como verdaderos adjetivos del verbo[1], en otros comparten las mismas formas y hasta funciones del adjetivo y del pronombre[2], y que también intervienen en la formación de preposiciones y conjunciones, podríamos definirlos como la parte invariable de la oración que —así como el adjetivo califica o determina al sustantivo— califica o determina a:

a) Un verbo: *El chico trabaja **mucho**.*
b) Un adjetivo: *Están **muy** contentos.*
c) Un participio: *Es una novela **bien** escrita.*
d) Otro adverbio: *Llegaron **bastante** lejos.*

---

[1] Éste es su uso más normal: calificar o determinar a un verbo. Por eso se le llama a veces *adjetivo del verbo.*

[2] Con los adjetivos calificativos *mejor* y *peor,* entre otros, comparte formas, y con los indefinidos *bastante, mucho, poco, algo,* etc., es difícil separar la función adverbial de la pronominal. Véanse págs. 166 y sigs.

2 Clases de adverbios

a) *Calificativos* o de cualidad. De ellos hay dos tipos en español:

1. Los llamados de *modo:* bien, mal, peor, mejor, así, etc.
2. Los formados añadiendo la terminación -*mente* a un adjetivo califi- cativo en singular y en forma femenina, si la tiene:

*Laura escribe **bien**.*
*Vivimos **peor** que vosotros.*
*Lo hicieron **rápidamente**.*
***Actualmente** hace otras cosas.*
*Eso es **totalmente** falso.*
*Canta **maravillosamente**.*
*Me gustas **así**.*

b) *Determinativos*[1]. Como su nombre indica, determinan o limitan la ac- ción verbal y expresan:

1. *Tiempo:* ayer, hoy, mañana, ahora, antes, después, luego, siempre, nunca, todavía, pronto, tarde, temprano, mientras, etc.:

*Los vi **ayer**.*
***Siempre** nos invitan.*
***Todavía** se quieren.*

2. *Lugar:* aquí, ahí, allí, allá, arriba, abajo, delante, detrás, dentro,. fuera, cerca, lejos, etc.:

*Están **arriba**.*
*Se colocó **detrás**.*
*Llevan **fuera** un mes.*

3. *Cantidad:* muy, mucho, poco, demasiado, bastante, todo, nada, casi, más, menos, algo, sólo, tan, tanto, etc.:

*Ahora gastamos **menos**.*
*Jugaban **bastante** bien.*
***Sólo** tengo 100 pesetas.*

---

[1] Muchos de estos adverbios pueden funcionar también como adjetivos, pronombres o formar preposiciones y conjunciones. Véanse págs. 204 y 205.

4. *Afirmación:* sí, verdaderamente, también, etc.:

   *Yo **también** la vi.*
   ***Verdaderamente** es un inútil.*

5. *Negación:* no, nunca, jamás, tampoco, etc.:

   ***Nunca** volveremos allí.*
   *Ella **tampoco** lo sabe.*

6. *Duda:* quizás/quizá, tal vez, acaso, seguramente, a lo mejor, etc.:

   ***Quizá** estén aquí.*
   ***Tal vez** es hermano suyo.*
   ***A lo mejor** tenemos suerte.*

③ Morfología del adverbio

a) El adverbio en español es siempre *invariable,* es decir, carece de accidentes gramaticales (género, número y caso):

*Las niñas se aburrían **mucho.***
*Los árboles **apenas** crecían.*
Antiguamente** todos se reunían **aquí.

b) Los adverbios en *-mente* reúnen las siguientes características:

1. Se forman, como hemos visto, a partir de un adjetivo calificativo en singular y con terminación femenina, si la tiene, más el sufijo *-mente: mal*a*-mente, sencill*a*mente,* etc.

2. El uso más común de estos adverbios es para expresar modo y, en algunos casos, afirmación, orden, duda:

   *Se portaron **maravillos**a**mente.** (modo)*
   *Lo hacen **perfect**a**mente.** (modo)*
   ***Probablemente** han llegado. (duda)*
   ***Verdader**a**mente** son excepcionales. (afirmación)*
   ***Segur**a**mente** los conoces. (duda)*
   *Entraron **ordenad**a**mente.** (orden)*

3. Los adverbios en *-mente* se sustituyen en muchas ocasiones por expresiones preposicionales formadas con la preposición *con* +sustantivo abstracto:

202

tranquilamente=*con* tranquilidad
generosamente=*con* generosidad
cuidadosamente=*con* cuidado
delicadamente=*con* delicadeza

c) *Frases adverbiales.* Algunos adverbios están formados no por una palabra, sino por un grupo de palabras que ejercen la misma función. Las frases adverbiales, como los mismos adverbios, pueden ser de:

Modo: de repente, de nuevo, etc.
Tiempo: por la mañana, por la tarde, por la noche, hoy día, de vez en cuando, etc.
Lugar: a la derecha, a la izquierda, en el centro, etc.
Afirmación, negación, duda: desde luego, a lo mejor, tal vez, etc.

④ **Posición**

a) El adverbio se coloca *normalmente* a continuación del verbo al que califica o determina:

*El equipo jugó **bien**.*
*Comimos **demasiado**.*

b) El adverbio, en su uso enfático, se coloca antes del verbo al que modifica:

***Pronto** lo veré.*
*¡**Mejor** vives tú!*
*¡**Mucho** sabe!*
***Abajo** nos veremos.*

c) Los adverbios **sí** y **no** normalmente anteceden al verbo:

***Sí,** lo sabemos.*
***No** viajan mucho.*

d) Algunos adverbios tales como: *apenas, casi, sólo* [1]*, solamente,* se colocan por lo general antes del verbo:

***Apenas** duermen.*
***Casi** me muero.*
***Sólo** come una vez al día.*

---

[1] Los adverbios *sólo* y *solamente* tienen el mismo uso y significado (véase pág. 246, nota 2).

e) Los adverbios de negación *nunca, jamás, tampoco,* y el de cantidad *nada* [1], cuando siguen al verbo, éste *debe ir en forma negativa:*

Tampoco *estuvo él.*   ≠ *Él no estuvo* **tampoco.**
Nunca *habla.*   ≠ *No habla* **nunca.**
Nada *han dicho.*   ≠ *No han dicho* **nada.**

f) Los adverbios de cantidad *muy* y *bastante* se colocan antes del adjetivo, participio o adverbio al que determinan:

Se portaron **bastante** *bien.* (adverbio)
Es un chisme **muy** *útil.* (adjetivo)
El coche está **bastante** *estropeado.* (participio)
Estaba **muy** *asustado.* (participio)

④ **Apócopes**

Los adverbios *tanto, mucho, cuanto* y *reciente,* en sus formas apocopadas *tan, muy, cuan* y *recién* [2], sólo se emplean delante de adjetivos, participios y de otro adverbio:

¡Qué chica **tan** *simpática!*   ≠ *¡Esta chica me gusta* **tanto!**
Son **tan** *inteligentes como Juan* [3]. ≠ *Saben* **tanto** *como Juan.*
Cantan **muy** *bien.*   ≠ *Cantan* **mucho.**

⑤ **Función conjuntiva y preposicional del adverbio**

a) Muchos adverbios, normalmente al añadirles la partícula *que,* se convierten en conjunciones, es decir, pasan de modificar a un verbo, adjetivo u otro adverbio a emplearse como nexo o elemento de unión entre una oración principal y otra subordinada o dependiente, formando así las oraciones adverbiales (véase pág. 81):

---

[1] Lo mismo sucede con el pronombre indefinido *nadie.* Véase pág. 167.

[2] *Tan* se emplea con valor enfático y para formar la comparación de igualdad del adjetivo y del adverbio (véanse págs. 147 y sigs.). *Cuán* es de uso literario. *Muy,* más que forma apocopada de *mucho,* es forma irregular. Por último, *recién* se emplea normalmente delante de participios: *Este pan está recién hecho.*

[3] Las fórmulas de comparación del adverbio son idénticas a las del adjetivo. Véanse págs. 147 y siguientes.

oración simple (adverbio)	oración compuesta (conjunción)
Siempre tiene dinero.	≠ *Siempre que tiene dinero me invita.*
Apenas sale de casa.	≠ *Apenas sale de casa coge el autobús.*
Lo estudié antes.	≠ *Antes (de) que tú lo estudiaras, lo estudiamos nosotros.*
Hágalo usted así.	≠ *Así que lo haga, nos iremos.*

b) Los llamados «adverbios relativos» *donde, cuando, cuanto* y *como* se diferencian de los adverbios interrogativos[1] *dónde, cuándo, cuánto* y *cómo* por emplearse como nexo o elemento de unión en las oraciones ordinarias adjetivas o de relativo (véanse págs. 87, 192 y 193):

oración simple (adverbio)	oración compuesta (valor conjuntivo)
¿Dónde viven ustedes?	≠ *Aquí es donde vivimos.*
¿Cuánto dinero tiene él?	≠ *Cuanto es me lo debe a mí.*
¿Cómo se encuentra ella?	≠ *Se encuentra como se encontraba ayer.*
¿Cuándo llegan?	≠ *Ayer fue cuando se casaron.*

c) Algunos adverbios, sobre todo los de lugar, si les añadimos la preposición *de,* adquieren valor preposicional, es decir, se emplean para establecer una relación entre dos palabras que ejercen funciones diferentes:

(valor adverbial)	(valor preposicional)
Ellos están delante.	≠ *Ellos están delante de ti.*
Los niños viajan detrás.	≠ *La entrada está detrás de la casa.*
Su familia vive cerca.	≠ *Su familia vivió cerca de cinco años aquí.*
Lo dejaron dentro.	≠ *Lo dejaron dentro de la habitación.*

⑥ **Contrastes**

a) *Bien ≠ bueno; mal ≠ malo*

Bien y *mal* son adverbios calificativos y modifican a un verbo o a un participio. *Mal* es también adjetivo de cualidad, en cuyo caso equivale a *malo* y se coloca antes del sustantivo (véase pág. 147):

---

[1] Los adverbios interrogativos llevan siempre acento gráfico.

(valor adverbial)	(valor adjetival)
*Este pescado sabe **bien**.*	≠ *Es un pescado **bueno**[1].*
*Tomás escribe **mal**.*	≠ *Tomás es un **mal** muchacho.*
*El poema está **bien** escrito.*	≠ *Es un poema **bueno**.*
*El examen está **mal** hecho.*	≠ *Era un **mal** examen.*

b) *Nada ≠ algo; nada ≠ todo*

El pronombre indefinido y también adverbio de cantidad *nada* se contrapone a los pronombres indefinidos *algo* y *todo*[2] (véanse págs. 166 y sigs.):

*No sabe **nada**.* ≠ *Sabe **algo**.*
*No decía **nada**.* ≠ *Decía **algo**.*
*No decía **nada**.* ≠ *Lo decía **todo**.*

c) *También ≠ tampoco*

Los adverbios *también* y *tampoco,* por su propia naturaleza, sólo se pueden emplear en contextos afirmativos y negativos, respectivamente:

*Él volverá **mañana**.* — *Yo **también**.*
*Él no volverá **mañana**.* — *Yo **tampoco**.*
*Greta duerme **poco**.* — *Tu hermano **también**.*
*Greta no duerme **poco**.* — *Tu hermano **tampoco**.*

d) *Muy ≠ mucho; tan ≠ tanto*

Muy y *tan* son las formas apocopadas de los adverbios de cantidad *mucho* y *tanto* y se diferencian de éstos por modificar solamente a un adjetivo, participio u otro adverbio, a diferencia de *mucho* y *tanto* que sólo modifican al verbo:

*Luisa es **muy** trabajadora.*	≠ *Luisa trabaja **mucho**.*
*Conducen **muy** bien.*	≠ *Conducen **mucho**.*
*Me gusta la carne **muy** hecha.*	≠ *Me gusta **mucho**.*
*Qué hombre **tan** hablador.*	≠ *No habla **tanto**.*
*Este cuadro está **tan** bien pintado como ése.*	≠ *No lo está **tanto**.*

e) *Bastante* y *demasiado* (véanse págs. 167 y sigs.) pueden ser adverbios o

---

[1] *Bueno* es un adjetivo de cualidad. Véase pág. 147.
[2] Los indefinidos *algo* y *todo,* en estos ejemplos, son neutros y equivalen a *algunas cosas* y *todas las cosas,* respectivamente. También *nada* puede ser pronombre indefinido neutro equivalente a *ninguna cosa.*

adjetivos de cantidad[1]; en este último caso concuerdan con el sustantivo al que determinan:

(adjetivo)   (adverbio)

*¿Hay **bastantes** platos?* ≠ *Ya tengo **bastante**.*
*Bebí **demasiado** whisky.* ≠ *Bebí **demasiado**.*
*Tienes **demasiada** prisa.* ≠ *Andas **demasiado** aprisa.*

SÍNTESIS DIDÁCTICA

a) El adverbio ejerce la misma función con respecto al verbo, al adjetivo o a otro adverbio que el adjetivo con respecto al sustantivo: los califica o determina.

b) Algunos adverbios comparten las mismas formas e incluso funciones, en ciertos casos, de los adjetivos y pronombres, e intervienen en la formación de frases preposicionales y conjuntivas.

c) Es fundamental, pues, que el estudiante distinga entre estas diversas funciones adjetivales, pronominales, preposicionales y conjuntivas, que en los dos últimos casos facilitan la comprensión de la diferencia existente entre oración simple y compuesta y, por tanto, el empleo del modo subjuntivo.

---

[1] Pueden funcionar también como pronombres:
*Bebió **demasiadas** (copas).*
*Tiene **bastantes** (coches).*

EJERCICIOS

CURSO INTENSIVO DE ESPAÑOL

Niveles de iniciación y elemental:
Sintaxis: 234, 252, 260, 265, 346, 347, 360, 373.

Niveles elemental e intermedio:
Sintaxis: 138, 172, 191, 242, 279, 289, 302, 352.
Miscelánea: 369.

Niveles intermedio y superior:
Adverbio ≠ adjetivo: 147.
Aún, todavía, ya: 166, 325.
Locuciones adverbiales con **de** y **desde:** 199.
Locuciones preposicionales y adverbiales: 195, 206.
Miscelánea: 189, 220, 221, 323.
Luego, entonces, después: 326.
Atrás, detrás, encima, alrededor, etc.: 324.
Adverbios y conjunciones: 189, 312.
Adverbios relativos: 328.

II

Preposición
y conjunción

1. Concepto y función

Las lenguas tienen palabras cuya misión, más que transmitir un significado, es la de *unir* y *relacionar* otros elementos gramaticales entre sí. A estas palabras las englobamos bajo el nombre genérico de *partículas* y su nombre gramatical es el de preposiciones y conjunciones.

Entendemos por preposición *la partícula empleada para unir palabras en la oración simple* estableciendo una relación entre ellas. Conjunción sería *la partícula empleada para unir oraciones,* estableciendo también algún tipo de relación entre ellas [1]. El campo, pues, de la preposición es *normalmente* la oración simple, y el de la conjunción, la oración compuesta [2], y por eso la tratamos dentro de ese apartado (véanse págs. 71 y sigs.).

---

[1] Ambas definiciones son funcionales y siguen un criterio didáctico.

[2] En la oración simple *Llegamos a casa antes de las dos,* la preposición *antes de* une las palabras *casa* y *las dos.* En la oración compuesta *Llegamos a casa antes de que llegara Laura*, la conjunción *antes de que* une las oraciones *llegamos a casa* y *llegara Laura*. En ambos casos la relación establecida es temporal.

② Formas

Las preposiciones se dividen en simples y compuestas. Las simples son las formadas por una sola palabra y las compuestas por dos o más palabras que funcionan como preposiciones. Normalmente son adverbios a los que se les añade una preposición[1].

a) Las preposiciones simples más frecuentes son:

a, ante, bajo, con, contra, de, desde, en, entre, hacia, hasta, para, por, según, sin, sobre y *durante.*

b) Las preposiciones compuestas (llamadas también frases preposicionales)[2] de mayor uso son:

delante de, cerca de, lejos de, después de, antes de, detrás de, encima de, dentro de, frente a, enfrente de, de acuerdo con, debajo de, fuera de, junto a, alrededor de y *al lado de.*

Algunas de estas frases preposicionales son, al menos, de tanto uso como sus equivalentes preposicionales simples:

Ante la casa había un árbol. ≠ *Delante de la casa había un árbol.*
La lámpara está sobre la mesa. ≠ *La lámpara está encima de la mesa.*
Bajo la cama había un hombre. ≠ *Debajo de la cama había un hombre.*
Te veré en una semana. ≠ *Te veré dentro de una semana.*

③ Usos básicos

1. Las preposiciones sirven para unir y relacionar:

a) Complementos y objetos directo, indirecto y circunstancial entre sí[3]:

(ob. directo) ¦ (ob. indirecto)
Enviamos el paquete a sus padres.

(ob. directo)   (comp. de circunstancia)
Escribí la carta   a las ocho.

---

[1] Para la diferencia entre preposición y adverbio véase pág. 205.
[2] Damos aquí las preposiciones simples y compuestas más empleadas en el español contemporáneo.
[3] La preposición del complemento directo es *a.* Las del complemento indirecto, *a* o *para.* El complemento circunstancial puede emplear todas las preposiciones.

<pre>   (ob. indirecto)   (comp. de circunstancia)
                  Lo enviamos a sus padres   por correo.</pre>

b) Un nombre con su complemento:

campo de trigo
canción de amor
máquina de escribir

c) Un adjetivo de cualidad con su complemento[1]:

fácil de hacer; agradable de comer
sencillo de escribir; cómodo de leer
difícil de solucionar; imposible de cumplir
malo de curar; largo de explicar

d) Un verbo con su complemento directo:

Vimos a tus hermanos.
Ayudaron a Sofía.

e) Un verbo con su objeto o complemento indirecto:

Se lo explicamos a Jaime.
Lo comentamos a todo el mundo.

f) Un verbo con su complemento circunstancial[2], es decir, la palabra o palabras que completan la acción verbal indicando circunstancias de *origen, dirección, lugar, tiempo, modo, finalidad, materia, instrumento* o *medio, precio, medida,* etc. Los complementos circunstanciales emplean todas las preposiciones[3]:

Están a la puerta. (localización, lugar)
Lo haremos por la tarde. (tiempo)
Escribe con cuidado. (modo)
Las invitamos a comer. (finalidad)
Son del Sur. (origen, procedencia)

---

[1] La preposición que relaciona al nombre y al adjetivo con su complemento es normalmente *de*, pero algunos adjetivos como *útil, bueno, estupendo,* etc., con valor final llevan la preposición *para:*

Es un chisme útil para abrir cajas.

[2] Algunos de estos complementos funcionan como adverbios, palabras que también desempeñan la función de complementos circunstanciales (véase pág. 203).

[3] En el apartado dedicado a contrastes tratamos los usos *más conflictivos* de las preposiciones en su función de complementos circunstanciales.

*Fue **a** su casa.* (dirección)
*Se apoyó **contra** la pared.* (lugar)
*Comeremos **sin** vino.* (falta, carencia de algo)
*Le golpearon **con** un ladrillo.* (instrumento)
*Hablará **sobre** Cervantes.* (tema, asunto)
*Se presentó **ante** el juez.* (situación, lugar)
*Estamos **entre** amigos.* (lugar)
*Vivíamos **con** una familia griega.* (compañía)

2. *Uso de la preposición **a** con objetos directos e indirectos:*

   a) La preposición *a* acompaña siempre al objeto indirecto de la oración [1]:

   *Le dije **a** Inés muchas cosas.*
   *Dedicaron el libro **a** sus hijos.*
   *Enseñó la casa **al** posible comprador.*

   b) La preposición *a:*

   1. Acompaña normalmente al objeto directo de personas o animales personificados:

      *Vi **a** Javier y **a** Pepita en el teatro.*
      *Traicionaron **a** sus mejores amigos.*
      *Vendió **a** Lucero.* (un caballo)

   2. Se emplea también con nombres de animal o cosa cuando estos nombres dependen de verbos cuyo objeto directo suele ser un nombre de persona:

      *Saludo **a** las gentes, **a** los bosques y **a** los animales del mundo.*
      *Ayudamos **a** los caballos porque lo necesitaban.*
      *Quiero **a** las plantas, **a** las flores y **a** todo lo que existe.*
      *El artículo acompaña **al** nombre.*
      *He contestado **a** la pregunta por escrito.*

---

[1] El objeto indirecto también admite la preposición *para*, en cuyo caso se diferencia de la preposición *a* porque hace hincapié en que el destino o finalidad de la acción verbal afecta especialmente a este complemento:

*Trajo el regalo **a** Juan.* ≠ *Trajo el regalo **para** Juan.*
*Enviaron los libros **a** las alumnas.* ≠ *Enviaron los libros **para** las alumnas.*

3. El objeto directo tanto de persona como de animal o cosa lleva la preposición *a* cuando exista la posibilidad de ser confundido con el sujeto de la oración:

(sujeto)   (objeto)

Ayudaron sus amigos.   ≠ *Ayudaron **a** sus amigos.*
Comieron los animales. ≠ *Comieron **a** los animales.*
Quemaban las piedras.   ≠ *Quemaban **a** las piedras.*

3. La preposición *a* se omite normalmente:

a) Ante objetos directos de animal o cosa no personificados:

Vendieron las gallinas y los patos.
Vio montañas altísimas.
Comieron aceitunas y bebieron vino.

b) Cuando el objeto directo, aunque sea de persona, es *indeterminado,* no específico o va precedido de un adjetivo numeral o de cantidad:

Mandaron cinco pasajeros a primera clase.
Conoció allí mucha gente encantadora.
Vimos un chico y una chica ingleses.

④ Usos de *por*

Esta preposición expresa principalmente:

a) *La causa, razón o motivo* de la acción verbal[1]:

*Lo haré **por** usted* (causa)
*Se rieron de ella **por** ser buena.* (motivo)
*Las felicitaron **por** sus éxitos.* (causa)
*Trabaja **por** sus hijos.* (razón, causa)
*Me duele la cabeza **por** ti.* (causa, razón: por culpa tuya)

b) *Tiempo* (parte del día o tiempo aproximado):

*Se levanta mucho **por** la noche.* (parte del día)
*Nos veremos **por** Semana Santa.* (tiempo aproximado)
*Recibí la carta **por** octubre.* (tiempo aproximado)

---

[1] Ésta es la razón de su uso con el agente de la voz pasiva:
*Fueron perseguidos **por** la policía.*

212

c) *Lugar no muy preciso* o para indicar *paso o tránsito* por un espacio determinado:

Ellas viven por aquí. (lugar no preciso)
Esa tienda está por el centro. (lugar no preciso)
Paseamos por la Castellana. (tránsito)
Pasamos por Londres camino de Oxford. (tránsito)

d) **Por** seguido de otras preposiciones confiere a éstas un marcado carácter de *movimiento,* de tránsito por un lugar:

Nadamos por debajo del barco.
Saltó por encima de la tapia.
La banda pasará por delante de la oficina.
Anduvo por entre la muchedumbre.

e) *Cambio* o *sustitución* (en lugar de):

Hoy trabajamos nosotros por ti. (en lugar de)
Iremos nosotros por ella. (en lugar de)

f) *Medio, instrumento* o *manera* de realizar la acción verbal[1]:

Se lo enviaré por avión.
Daré la respuesta por teléfono.

g) *Precio:*

Lo ha vendido por dos pesetas.
Se lo dieron por 1.000 pesetas.

h) Con el verbo *estar* + infinitivo, cuando el sujeto es una persona, equivale a *tener ganas de, apetecer*[2]:

Estoy por quedarme en casa.
Estoy por ir a la playa.

Cuando el sujeto es una cosa, expresa falta o carencia, acción no realizada, y equivale a la preposición *sin*[3]:

---

[1] En cambio, los verbos del tipo *ir, viajar, recorrer,* etc., llevan la preposición *en:*
Siempre viaja en autobús.
Fueron allí en metro.
Recorrieron España en bicicleta.
[2] Con este sentido se usa normalmente sólo en la primera persona del presente.
[3] Cuando el sujeto es de cosa se usa normalmente en tercera persona del singular de los tiempos simples y suele tener valor pasivo.

*El autobús está **por** salir.* (no ha salido todavía)
*La casa está **por** terminar.* (no ha sido terminada)
*El coche está **por** arreglar.* (sin arreglar)
*El libro estaba **por** publicar.* (sin publicar; no había sido publicado todavía)

⑤ Usos de *para*

Para expresa fundamentalmente:

a) *Finalidad, propósito o destino* de la acción verbal:

*Trabajo **para** mi padre.* (finalidad, destino de mi trabajo)
*Enviaron el dinero **para** sus hijos.* (objeto indirecto, destino)
*Los pasteles son **para** los niños.* (destino, finalidad)

b) Se emplea, seguida de infinitivo, con sentido de finalidad:

***Para** escribir bien se necesita práctica.*
***Para** ir allí hay que tener dinero.*
*Se descalzó **para** no meter ruido.*

c) Expresa *dirección y término del movimiento:*

*Se fueron **para** Portugal a las ocho.*
*Cuando lo encontré iba **para** el banco.*
*Hace cinco minutos venía **para** acá.*

d) Indica *término de un tiempo, plazo fijo* de algo (fecha tope):

*Lo tendrán terminado sin falta **para** el lunes próximo.*
***Para** agosto estaremos allí.*
***Para** el verano ya había crecido mucho.*

e) *Para*+nombre (propio o común) o pronombre personal expresa opinión:

***Para** Galdós la España del XIX era una paranoia colectiva.*
***Para** sus padres era un hijo modelo.*
***Para** mí ese chiste no tiene gracia.*

f) Cuando va seguida de adjetivo o infinitivo expresa normalmente *condición o estado:*

*No sirves **para** casada.*

Para listo basta él.
Para limpia, nuestra casa.
Para tener cincuenta años se conserva muy bien.

g) *Estar para* + infinitivo [1] expresa *inminencia* de la acción verbal:

El metro estaba **para** *salir.*
Ya estamos **para** *comer.*

6 Verbos que rigen preposición

Muchos verbos españoles rigen preposición. Las más normales son *a, de, en* y *con.*

1. Con la preposición *a* [2]:

acostumbrarse a	*animarse a* + infinitivo
aprender a + infinitivo	*asomarse a* + sustantivo
atreverse a + infinitivo	*ayudar a*
comenzar a + infinitivo	*decidirse a* + infinitivo
empezar a + infinitivo	*enseñar a*
esperar a	*negarse a* + infinitivo
obligar a	*ponerse a* + infinitivo
parecerse a + sust./pron.	*querer a* + sustantivo
volver a + infinitivo	*venir a* + infinitivo
ir a + infinitivo	*llegar a* + infinitivo

Se acostumbraron a *levantarse temprano.*
Les animaron a *ir allí.*
Se niegan a *seguir las normas.*
Nos decidimos a *gastar el dinero.*
No se atreverán a *venir.*
Se asomó a *la ventana.*
Esperamos al *tren una hora.*

2. Con la preposición *de:*

acabar de + infinitivo	*acordarse de*
alegrarse de	*asombrarse de*

---

[1] Se trata, evidentemente, de una elipsis adjetival: *estar* (listo, preparado) *para* + infinitivo.
[2] Cuando con estos verbos no se especifica su uso se quiere indicar que pueden emplearse seguidos de infinitivo, sustantivo o pronombre personal.

asustarse de
cuidar de + sust./pron.
dejar de + infinitivo
dudar de
encargarse de
olvidarse de
tratar de + infinitivo
quejarse de

avergonzarse de
cansarse de
despedirse de
enamorarse de + sust./pron.
enterarse de + oración de relativo
reírse de
tener ganas de + infinitivo
deber de + infinitivo

Se enteró de *lo que había ocurrido.*
Acababan de *cenar.*
Me acuerdo de *ellos.*
Nos alegramos de *tus éxitos.*
Se asustará de *mí.*
Nos despedimos de *ellos.*
Siempre **se quejan de** *la comida.*
Olvidaos de *ella.*

3. Con la preposición *con:*

casarse con + sust./pron.
enfadarse con + sust./pron.
molestarse con + sust./pron.
tropezar con + sust./pron.

contentarse con
contar con
soñar con
vivir con + sust./pron.

Se casó con *una japonesa.*
Cuento con *vosotros.*
Se quedaron satisfechos con (de) *tu amiga.*
Siempre **sueñan con** *la mar.*
Viven con *sus padres.*

4. Con la preposición *en:*

confiar en
entrar en + sust.
molestarse en + infinitivo
quedar en + infinitivo

empeñarse en + infinitivo
fijarse en + sust./pron.
quedarse en + sust.
tardar en + infinitivo

Confiamos en *usted.*
Se empeñaron en *aprender italiano.*
Fíjese en *ese detalle.*
Tardaron en *llegar.*
Nos quedamos en *casa.*
Quedamos en *verlos a las cinco.*

⑦ **Contrastes**

1. *Dirección del movimiento:*

a, hacia, hasta, para

Éstas son las preposiciones que indican dirección del movimiento[1]:

a) **A** expresa el destino del movimiento:

> *Fui **a** Gijón en Navidades.*
> *Veníamos **al** campo todos los días.*

b) **Hacia** pone énfasis en el movimiento mismo, en *el camino a recorrer.* El hablante se despreocupa de si llega o no a su destino:

> *Corrimos **hacia** el pueblo.* (en dirección a...)
> *Los pájaros volaron **hacia** el bosque.*

c) **Hasta** expresa *el destino* del movimiento y pone énfasis en su *punto final,* su *límite:*

> *Fueron andando **hasta** Segovia.*
> *Corrieron **hasta** el río.*

d) **Para** indica *dirección* y *término* del movimiento y puede sustituir a *a* y *hacia* expresando ambos matices con ambigüedad:

(dirección y destino)	(destino preciso)	(dirección del movimiento)
*Iban **para** Suecia.* ≠	*Iban **a** Suecia.* ≠	*Iban **hacia** Suecia.*
*Venían **para** casa.* ≠	*Iban **a** casa.* ≠	*Iban **hacia** casa.*

> El verbo *salir* sólo admite las preposiciones *para* y *hacia* porque hace hincapié en el *origen* del movimiento, no en su *destino*. El verbo *llegar*, en cambio, sólo admite las preposiciones *a* y *hasta* porque semánticamente indica el *destino* del movimiento:

---

[1] Como es lógico, en este sentido se usarán con verbos de movimiento.

(dirección y destino)   (destino)

*Salió para **la oficina**.* ≠ ***Llegó** a **la oficina**.*

(dirección)

*Salió hacia **la oficina**.* ≠ ***Llegó** hasta **la oficina**.* (no más
                                                  allá)

2. *Origen, punto de partida:*

> **de, desde**

Las preposiciones que indican el origen o punto de partida *en el espacio*
y *en el tiempo* son **de** y **desde**.

a) Con verbos de *movimiento* se emplean ambas[1]:

> *Vino **de** Francia en tren.* ≠ *Vino **desde** Francia en tren.*
> *Corrió **de** su casa al cine.* ≠ *Corrió **desde** su casa al cine.*

b) Cuando el verbo *no* es de movimiento y la frase carece de referencia
al término de la acción verbal, el uso de *desde* es obligatorio. El
resto de los casos admite la doble construcción sin cambio de
significado:

> ***Desde** este pueblo se ve el mundo muy lejano.*
> *No pienso hacerle caso **desde** hoy.*
> *Vivían allí **desde** enero de 1985.*

pero:

Horas de consulta
$\begin{cases} \textit{\textbf{de} nueve \textbf{a} una.} \\ \textit{\textbf{desde} las nueve \textbf{a} (hasta) la una}\,[2]. \end{cases}$

La conferencia duró
$\begin{cases} \textit{\textbf{de} ocho \textbf{a} nueve de la tarde.} \\ \textit{\textbf{desde} las ocho \textbf{a} (hasta) las nueve.} \end{cases}$

---

[1] El uso de *desde* en vez de *de* con verbos de movimiento pone énfasis en el origen del movimiento y tiene valores estilísticos.

[2] Con la preposición *de,* en este tipo de correlaciones, no se emplea el artículo determinado antes de la hora (véase pág. 135).

3. *Localización en el espacio:*

a) | en, dentro de |

Ambas preposiciones sitúan o localizan una entidad en *el interior de un lugar:*

*Esa pobre gente vive **en** una cueva.*	≠ *Esa pobre gente vive **dentro de** una cueva.*
*No estaban **en** la estación.*	≠ *No estaban **dentro de** la estación.*
*Se guardaron **en** un armario.*	≠ *Se guardaron **dentro de** un armario.*

Dentro de sustituye normalmente a *en* en contextos espaciales de carácter físico. Otro tipo de contextos prefiere la preposición *en:*

Esto no ocurre en *otros países.*
Paquita no está en *casa ahora.*
Trabajamos en *un banco.*

b) | en, sobre, encima de |

Estas preposiciones sitúan o localizan una entidad *en la superficie de un lugar:*

*Los gatos están **en** el tejado.*	≠ *Los gatos están **sobre** el tejado/**encima del** tejado.*
*Comieron **en** la hierba.*	≠ *Comieron **sobre**/**encima de** la hierba.*
*Caí **en** un árbol.*	≠ *Caí **sobre**/**encima de** un árbol.*

Sobre y *encima* sustituyen a *en* sólo cuando el hablante quiere hacer hincapié en el contacto físico. *Sobre* y *encima* se emplean también en contextos figurados:

El jefe siempre está sobre/encima de *nosotros.*

219

c) | **delante de, detrás de, ante** |

Delante de y *detrás de* indican, respectivamente, *posición física anterior o posterior* a algo o alguien:

*Me paré **delante de** la casa.* ≠ *Me paré **detrás de** la casa.*
*La niña está **delante de** la* ≠ *La niña está **detrás de** la puerta.*
puerta.
*Vamos **delante de** usted.* ≠ *Vamos **detrás de** usted.*

La preposición simple *ante* se usa normalmente en contextos espaciales figurativos:

Ante Dios todos somos iguales.
Me quito el sombrero ante ese señor.

d) | **encima de, debajo de, bajo** |

Encima de y *debajo de* indican *posición física superior o inferior* a algo o alguien, respectivamente:

*La ropa está **encima de** la cama.* ≠ *La ropa está **debajo de** la cama.*
*Pedro estaba **encima de** su her-* ≠ *Pedro estaba **debajo de** su her-*
mano. *mano.*
*Vivimos **encima de** ellos.* ≠ *Vivimos **debajo de** ellos.*

La preposición simple *bajo* se usa normalmente en contextos espaciales figurativos, como sucede con *ante:*

Nada hay nuevo bajo el sol.
Nos tienen bajo su bota.

e) | **cerca de, lejos de, a** |

Cerca de y *lejos de* indican, respectivamente, la *proximidad*[1] o *lejanía* de algo o alguien:

_____

[1] Las frases prepositivas *junto a* y *al lado de* sustituyen prácticamente a *cerca de* para expresar proximidad o cercanía en el espacio, pero no en el tiempo. En este último caso es la preposición *hacia* y la frase preposicional *alrededor de* las que expresan proximidad temporal:
*Comimos **hacia** las ocho.* ~ *Comimos **alrededor de** las ocho.*

> *Marisol vivía **cerca de** su her-   ≠   *Marisol vivía **lejos de** su her-*
> *mana.*   *mana.*
> *Trabajaban **cerca de** aquí.*   ≠   *Trabajaban **lejos de** aquí.*

La preposición simple *a* indica *distancia exacta* cuando va acompañada de un complemento de este tipo:

> *Juan vive* a *veinte kilómetros de aquí.*
> *Esa discoteca está* a *un paso.*
> *Plantaron el árbol* a *cinco metros del garaje.*

f)

frente a, delante de, contra

Frente a expresa normalmente posición *cara a, mirando a* alguien o algo. *Delante de,* sólo posición anterior sin especificar:

> *Estoy **frente a** usted* (mirándo- ≠   *Estoy **delante de** usted.*
> le a usted).
> *Se pararon **frente a** la casa.*   ≠   *Se pararon **delante de** la casa.*
> *Comimos **frente a** la iglesia.*   ≠   *Comimos **delante de** la iglesia.*

La preposición simple *contra* expresa oposición real o figurada:

> *Me di un golpe* contra *la pared.*
> *Estamos* contra *la guerra.*

4. *Localización en el tiempo.*

a)

antes de, después de

Antes de y *después de* indican *anterioridad* y *posterioridad,* respectivamente, en el tiempo:

> *Lo hizo **antes de** una hora.*   ≠   *Lo hizo **después de** una hora.*
> *Llegamos **antes de** las diez.* ≠   *Llegamos **después de** las diez.*
> *Lo compré **antes del** verano.* ≠   *Lo compré **después del** verano.*

b)

a, en

A localiza la acción verbal en un período de tiempo preciso y normalmente inferior a un día (horas, minutos, etc.):

221

*Llegaron **a** las dos de la mañana.*
*Fue **a** las cinco de la tarde.*
***A** los ocho minutos estábamos de vuelta.*
*Tomaron café **al** amanecer.*

En localiza la acción verbal en cualquier período de tiempo (minutos, horas, días, meses, estaciones del año, etc.):

*Lo arreglaré **en** una hora.*
*Escribieron las cartas **en** una tarde.*
*Nos bañamos **en** verano.*
*Fue **en** el siglo XVIII.*
*Este autor vivió **en** el Renacimiento.*

La preposición *a* también se emplea para expresar la edad[1] y con el verbo *estar* en primera persona del plural expresa la fecha (véanse págs. 12 y 13):

*Estaba calvo **a** los veinticinco años.*
***A** los diez meses ya andaba el niño.*
*Estamos **a** tres de abril.*

> ## dentro de, en

Dentro de sustituye normalmente a la preposición simple *en* en acciones referidas al futuro, pero pone énfasis en el plazo de tiempo a partir del cual se realizarán estas acciones[2]:

*Estará allí **en** una semana.* ≠ *Estará allí **dentro de** una se-*
(en el tiempo de una semana) *mana* (a partir de una semana)

*Aprenderán alemán **en** dos años.* ≠ *Aprenderán alemán **dentro de** dos años.*

*Fumaré cinco cigarrillos **en** dos días.* ≠ *Fumaré cinco cigarrillos **dentro de** dos días.*

---

[1] Con excepción del verbo *tener: Mara tiene quince años.*
[2] Como norma práctica se puede decir que *dentro de* sólo se usa seguido de número más expresión temporal: *Pintaremos la casa en la primavera* (imposible: *dentro de la primavera*).

222

d)

durante, en

Durante solamente se emplea en acciones temporales de carácter durativo que contrastan con el carácter terminativo y totalizador de la preposición *en:*

(terminativo, totalizador)

(durativo)

*Lo comeremos **en** un mes.* ≠ *Lo comeremos **durante** un mes.*

*Leímos la novela **en** tres días.* ≠ *Leímos la novela **durante** tres días.*

*Estudiaron la carrera **en** dos años.* ≠ *Estudiaron la carrera **durante** dos años.*

La preposición *durante* se emplea normalmente con el pretérito indefinido, no con el imperfecto, y refuerza el carácter durativo-terminativo de este tiempo:

Estuvo lloviendo durante *una semana.*
Pasaron frío durante *todo el invierno.*
Estuvimos hablando durante *veinte minutos.*

SÍNTESIS DIDÁCTICA

a) Las preposiciones se emplean fundamentalmente para unir y relacionar los complementos directos, indirectos, circunstanciales y nominales entre sí.

b) Los usos preposicionales en función de complemento circunstancial son los más numerosos y los que encierran mayor dificultad para el alumno extranjero.

c) El primer término de la preposición (antecedente) puede ser un sustantivo, adjetivo o verbo, y el segundo (consecuente) siempre es un sustantivo o palabra que ejerza tal función.

EJERCICIOS

CURSO INTENSIVO DE ESPAÑOL

Niveles de iniciación y elemental:

Sintaxis: 97, 266, 382, 387, 388, 403.

Niveles elemental e intermedio:

Sintaxis: 17, 30, 73, 110, 131, 159, 185, 206, 207, 208, 209, 210, 224, 264, 304, 311, 317, 325, 331, 343, 367, 368.
Miscelánea: 369.

Niveles intermedio y superior:

A ≠ en: 194, 195.
De ≠ desde: 198.
A, para, hacia, con, sin, contra: 205.
Antes de, ante, delante de: 204.
Con, a, en, de, durante: 203.
Por ≠ para: 187, 188, 189, 310, 311.
Miscelánea: 192, 193, 195, 200, 206, 220, 221, 314, 319, 320, 323.

apéndices

1

La conjugación

La conjugación del llamado *pretérito anterior* (*yo hube sido,* etc.) no se incluye en los cuadros siguientes por haber quedado relegado hoy día a un simple sustituto literario y raro del indefinido o
del pluscuamperfecto. Tampoco se incluyen los futuros de subjuntivo *(yo fuere; yo hubiere sido)* por
ser sólo de uso administrativo o arcaizante.

Ser

INDICATIVO

Presente	Pretérito perfecto	
soy	he	sido
eres	has	sido
es	ha	sido
somos	hemos	sido
sois	habéis	sido
son	han	sido

Pretérito imperfecto	Pretérito pluscuamperfecto	
era	había	sido
eras	habías	sido
era	había	sido
éramos	habíamos	sido
erais	habíais	sido
eran	habían	sido

Pretérito indefinido

fui
fuiste
fue
fuimos
fuisteis
fueron

Futuro imperfecto	Futuro perfecto	
seré	habré	sido
serás	habrás	sido
será	habrá	sido
seremos	habremos	sido
seréis	habréis	sido
serán	habrán	sido

Condicional imperfecto	Condicional perfecto	
sería	habría	sido
serías	habrías	sido
sería	habría	sido
seríamos	habríamos	sido
seríais	habríais	sido
serían	habrían	sido

SUBJUNTIVO

Presente	Pretérito perfecto	
sea	haya	sido
seas	hayas	sido
sea	haya	sido
seamos	hayamos	sido
seáis	hayáis	sido
sean	hayan	sido

Pretérito imperfecto	Pretérito pluscuamperfecto	
fuera	hubiera	
o fuese	o hubiese	sido
fueras	hubieras	
o fueses	o hubieses	sido
fuera	hubiera	
o fuese	o hubiese	sido
fuéramos	hubiéramos	
o fuésemos	o hubiésemos	sido
fuerais	hubierais	
o fueseis	o hubieseis	sido
fueran	hubieran	
o fuesen	o hubiesen	sido

IMPERATIVO

sé	tú
sea	él
seamos	nosotros
sed	vosotros
sean	ellos

FORMAS NO PERSONALES

Infinitivo	Infinitivo compuesto
ser	haber sido

Gerundio	Gerundio compuesto
siendo	habiendo sido

Participio

sido

Estar

INDICATIVO

Presente

estoy
estás
está
estamos
estáis
están

Pretérito perfecto

he estado
has estado
ha estado
hemos estado
habéis estado
han estado

Pretérito imperfecto

estaba
estabas
estaba
estábamos
estabais
estaban

Pretérito pluscuamperfecto

había estado
habías estado
había estado
habíamos estado
habíais estado
habían estado

Pretérito indefinido

estuve
estuviste
estuvo
estuvimos
estuvisteis
estuvieron

Futuro imperfecto

estaré
estarás
estará
estaremos
estaréis
estarán

Futuro imperfecto

habré estado
habrás estado
habrá estado
habremos estado
habréis estado
habrán estado

Condicional imperfecto

estaría
estarías
estaría
estaríamos
estaríais
estarían

Condicional perfecto

habría estado
habrías estado
habría estado
habríamos estado
habríais estado
habrían estado

SUBJUNTIVO

Presente

esté
estés
esté
estemos
estéis
estén

Pretérito perfecto

haya estado
hayas estado
haya estado
hayamos estado
hayáis estado
hayan estado

Pretérito imperfecto

estuviera
o estuviese
estuvieras
o estuvieses
estuviera
o estuviese
estuviéramos
o estuviésemos
estuvierais
o estuvieseis
estuvieran
o estuviesen

Pretérito pluscuamperfecto

hubiera
o hubiese estado
hubieras
o hubieses estado
hubiera
o hubiese estado
hubiéramos
o hubiésemos estado
hubierais
o hubieseis estado
hubieran
o hubiesen estado

IMPERATIVO

está tú
esté él
estemos nosotros
estad vosotros
estén ellos

FORMAS NO PERSONALES

Infinitivo

estar

Infinitivo compuesto

haber estado

Gerundio

estando

Gerundio compuesto

habiendo estado

Participio

estado

Tener

INDICATIVO

Presente	Pretérito perfecto	
tengo	he	tenido
tienes	has	tenido
tiene	ha	tenido
tenemos	hemos	tenido
tenéis	habéis	tenido
tienen	han	tenido

Pretérito imperfecto	Pretérito pluscuamperfecto	
tenía	había	tenido
tenías	habías	tenido
tenía	había	tenido
teníamos	habíamos	tenido
teníais	habíais	tenido
tenían	habían	tenido

Pretérito indefinido

tuve
tuviste
tuvo
tuvimos
tuvisteis
tuvieron

Futuro imperfecto	Futuro perfecto	
tendré	habré	tenido
tendrás	habrás	tenido
tendrá	habrá	tenido
tendremos	habremos	tenido
tendréis	habréis	tenido
tendrán	habrán	tenido

Condicional imperfecto	Condicional perfecto	
tendría	habría	tenido
tendrías	habrías	tenido
tendría	había	tenido
tendríamos	habríamos	tenido
tendríais	habríais	tenido
tendrían	habrían	tenido

SUBJUNTIVO

Presente	Pretérito perfecto	
tenga	haya	tenido
tengas	hayas	tenido
tenga	haya	tenido
tengamos	hayamos	tenido
tengáis	hayáis	tenido
tengan	hayan	tenido

Pretérito imperfecto	Pretérito pluscuamperfecto	
tuviera	hubiera	
o tuviese	o hubiese	tenido
tuvieras	hubieras	
o tuvieses	o hubieses	tenido
tuviera	hubiera	
o tuviese	o hubiese	tenido
tuviéramos	hubiéramos	
o tuviésemos	o hubiésemos	tenido
tuvierais	hubierais	
o tuvieseis	o hubieseis	tenido
tuvieran	hubieran	
o tuviesen	o hubiesen	tenido

IMPERATIVO

ten	tú
tenga	él
tengamos	nosotros
tened	vosotros
tengan	ellos

FORMAS NO PERSONALES

Infinitivo	Infinitivo compuesto
tener	haber tenido

Gerundio	Gerundio compuesto
teniendo	habiendo tenido

Participio

tenido

Haber

INDICATIVO			SUBJUNTIVO		

Presente	*Pretérito perfecto*		*Presente*	*Pretérito perfecto*	
he	he	habido	haya	haya	habido
has	has	habido	hayas	hayas	habido
ha [1]	ha	habido	haya	haya	habido
hemos	hemos	habido	hayamos	hayamos	habido
habéis	habéis	habido	hayáis	hayáis	habido
han	han	habido	hayan	hayan	habido

Pretérito imperfecto	*Pretérito pluscuamperfecto*		*Pretérito imperfecto*	*Pretérito pluscuamperfecto*	
había	había	habido	hubiera	hubiera	
habías	habías	habido	o hubiese	o hubiese	habido
había	había	habido	hubieras	hubieras	
habíamos	habíamos	habido	o hubieses	o hubieses	habido
habíais	habíais	habido	hubiera	hubiera	
habían	habían	habido	o hubiese	o hubiese	habido
			hubiéramos	hubiéramos	
Pretérito indefinido			o hubiésemos	o hubiésemos	habido
hube			hubierais	hubierais	
hubiste			o hubieseis	o hubieseis	habido
hubo			hubieran	hubieran	
hubimos			o hubiesen	o hubiesen	habido
hubisteis					
hubieron					

IMPERATIVO

he	tú
haya	él
hayamos	nosotros
habed	vosotros
hayan	ellos

Futuro imperfecto	*Futuro perfecto*	
habré	habré	habido
habrás	habrás	habido
habrá	habrá	habido
habremos	habremos	habido
habréis	habréis	habido
habrán	habrán	habido

FORMAS NO PERSONALES

Infinitivo	*Infinitivo compuesto*
haber	haber habido

Condicional imperfecto	*Condicional perfecto*	
habría	habría	habido
habrías	habrías	habido
habría	habría	habido
habríamos	habríamos	habido
habríais	habríais	habido
habrían	habrían	habido

Gerundio	*Gerundio compuesto*
habiendo	habiendo habido

Participio	
habido	

---

[1] Cuando este verbo se usa impersonalmente, la 3.ª persona del singular es *hay*.

230

Verbos regulares

Hablar

INDICATIVO			SUBJUNTIVO		

INDICATIVO

Presente	*Pretérito perfecto*	
hablo	he	hablado
hablas	has	hablado
habla	ha	hablado
hablamos	hemos	hablado
habláis	habéis	hablado
hablan	han	hablado

Pretérito imperfecto	*Pretérito pluscuamperfecto*	
hablaba	había	hablado
hablabas	habías	hablado
hablaba	había	hablado
hablábamos	habíamos	hablado
hablabais	habíais	hablado
hablaban	habían	hablado

Pretérito indefinido

hablé
hablaste
habló
hablamos
hablasteis
hablaron

Futuro imperfecto	*Futuro perfecto*	
hablaré	habré	hablado
hablarás	habrás	hablado
hablará	habrá	hablado
hablaremos	habremos	hablado
hablaréis	habréis	hablado
hablarán	habrán	hablado

Condicional imperfecto	*Condicional perfecto*	
hablaría	habría	hablado
hablarías	habrías	hablado
hablaría	habría	hablado
hablaríamos	habríamos	hablado
hablaríais	habríais	hablado
hablarían	habrían	hablado

SUBJUNTIVO

Presente	*Pretérito perfecto*	
hable	haya	hablado
hables	hayas	hablado
hable	haya	hablado
hablemos	hayamos	hablado
habléis	hayáis	hablado
hablen	hayan	hablado

Pretérito imperfecto	*Pretérito pluscuamperfecto*	
hablara	hubiera	
o hablase	o hubiese	hablado
hablaras	hubieras	
o hablases	o hubieses	hablado
hablara	hubiera	
o hablase	o hubiese	hablado
habláramos	hubiéramos	
o hablásemos	o hubiésemos	hablado
hablarais	hubierais	
o hablaseis	o hubieseis	hablado
hablaran	hubieran	
o hablasen	o hubiesen	hablado

IMPERATIVO

habla	tú
hable	él
hablemos	nosotros
hablad	vosotros
hablen	ellos

FORMAS NO PERSONALES

Infinitivo	Infinitivo compuesto
hablar	haber hablado

Gerundio	*Gerundio compuesto*
hablando	habiendo hablado

Participio

hablado

231

Comer

	INDICATIVO		SUBJUNTIVO	

INDICATIVO

Presente	*Pretérito perfecto*
como	he comido
comes	has comido
come	ha comido
comemos	hemos comido
coméis	habéis comido
comen	han comido

Pretérito imperfecto	*Pretérito pluscuamperfecto*
comía	había comido
comías	habías comido
comía	había comido
comíamos	habíamos comido
comíais	habíais comido
comían	habían comido

Pretérito indefinido

comí
comiste
comió
comimos
comisteis
comieron

Futuro imperfecto	*Futuro perfecto*
comeré	habré comido
comerás	habrás comido
comerá	habrá comido
comeremos	habremos comido
comeréis	habréis comido
comerán	habrán comido

Condicional imperfecto	*Condicional perfecto*
comería	habría comido
comerías	habrías comido
comería	habría comido
comeríamos	habríamos comido
comeríais	habríais comido
comerían	habrían comido

SUBJUNTIVO

Presente	*Pretérito perfecto*
coma	haya comido
comas	hayas comido
coma	haya comido
comamos	hayamos comido
comáis	hayáis comido
coman	hayan comido

Pretérito imperfecto	*Pretérito pluscuamperfecto*
comiera o comiese	hubiera o hubiese comido
comieras o comieses	hubieras o hubieses comido
comiera o comiese	hubiera o hubiese comido
comiéramos o comiésemos	hubiéramos o hubiésemos comido
comierais o comieseis	hubierais o hubieseis comido
comieran o comiesen	hubieran o hubiesen comido

IMPERATIVO

come	tú
coma	él
comamos	nosotros
comed	vosotros
coman	ellos

FORMAS NO PERSONALES

Infinitivo	*Infinitivo compuesto*
comer	haber comido

Gerundio	*Gerundio compuesto*
comiendo	habiendo comido

Participio

comido

Vivir

INDICATIVO

Presente	*Pretérito perfecto*	
vivo	he	vivido
vives	has	vivido
vive	ha	vivido
vivimos	hemos	vivido
vivís	habéis	vivido
viven	han	vivido

Pretérito imperfecto	*Pretérito pluscuamperfecto*	
vivía	había	vivido
vivías	habías	vivido
vivía	había	vivido
vivíamos	habíamos	vivido
vivíais	habíais	vivido
vivían	habían	vivido

Pretérito indefinido

viví
viviste
vivió
vivimos
vivisteis
vivieron

Futuro imperfecto	*Futuro perfecto*	
viviré	habré	vivido
vivirás	habrás	vivido
vivirá	habrá	vivido
viviremos	habremos	vivido
viviréis	habréis	vivido
vivirán	habrán	vivido

Condicional imperfecto	*Condicional perfecto*	
viviría	habría	vivido
vivirías	habrías	vivido
viviría	habría	vivido
viviríamos	habríamos	vivido
viviríais	habríais	vivido
vivirían	habrían	vivido

SUBJUNTIVO

Presente	*Pretérito perfecto*	
viva	haya	vivido
vivas	hayas	vivido
viva	haya	vivido
vivamos	hayamos	vivido
viváis	hayáis	vivido
vivan	hayan	vivido

Pretérito imperfecto	*Pretérito pluscuamperfecto*	
viviera	hubiera	
o viviese	o hubiese	vivido
vivieras	hubieras	
o vivieses	o hubieses	vivido
viviera	hubiera	
o viviese	o hubiese	vivido
viviéramos	hubiéramos	
o viviésemos	o hubiésemos	vivido
vivierais	hubierais	
o vivieseis	o hubieseis	vivido
vivieran	hubieran	
o viviesen	o hubiesen	vivido

IMPERATIVO

vive	tú
viva	él
vivamos	nosotros
vivid	vosotros
vivan	ellos

FORMAS NO PERSONALES

Infinitivo	*Infinitivo compuesto*
vivir	haber vivido
Gerundio	*Gerundio compuesto*
viviendo	habiendo vivido
Participio	
vivido	

Verbos de irregularidad común

-ar (e/ie)

Cerrar

Pres. de indic.: cierro, cierras, cierra, cerramos, cerráis, cierran.
Pres. de subj.: cierre, cierres, cierre, cerremos, cerréis, cierren.
Imperat.: cierra, cerrad.

Igualmente: acertar, alentar, apretar, arrendar, asentar, atravesar, calentar, cegar, comenzar, concertar, confesar, despertar, desterrar, empezar, encerrar, enmendar, enterrar, errar, escarmentar, fregar, gobernar, helar, herrar, manifestar, merendar, negar, nevar, pensar, plegar, quebrar, recomendar, regar, reventar, segar, sembrar, sentar, serrar, sosegar, temblar, tentar, tropezar.

-er (e/ie)

Querer

Pres. indic.: quiero, quieres, quiere, queremos, queréis, quieren.
Pres. subj.: quiera, quieras, quiera, queramos, queráis, quieran.
Imperat.: quiere, quered.

Igualmente: atender, defender, descender, encender, entender, extender, perder, tender, verter, etc.

-ir (e/ie+e/i)

Mentir

Pres. ind.: miento, mientes, miente, mentimos, mentís, mienten.
Indef.: mentí, mentiste, mintió, mentimos, mentisteis, mintieron.
Pres. subj.: mienta, mientas, mienta, mintamos, mintáis, mientan.
Imp. subj.: mintiera (mintiese), mintieras, mintiera, mintiéramos, mintierais, mintieran.
Imperat.: miente, mentid.

Igualmente: adherir, adquirir, advertir, arrepentirse, discernir, divertir, digerir, herir, hervir, inquirir, invertir, preferir, referir, sentir.

-ar (o>ue y u>ue en *jugar)*

Recordar

Pres. indic.: recuerdo, recuerdas, recuerda, recordamos, recordáis, recuerdan.
Pres. subj.: recuerde, recuerdes, recuerde, recordemos, recordéis, recuerden.
Imperat.: recuerda, recordad.

Igualmente: acordar(se), acostarse, almorzar, apostar, aprobar, avergonzar, colar(se), colgar, comprobar, consolar, contar, costar, demostrar, desollar, encontrar, forzar, jugar, mostrar, probar, renovar, rodar, rogar, soltar, sonar, soñar, tostar, tronar, volar, volcar.

-er (o>ue)

Volver

Pres. ind.: vuelvo, vuelves, vuelve, volvemos, volvéis, vuelven.
Pres. subj.: vuelva, vuelvas, vuelva, volvamos, volváis, vuelvan.
Imperat.: vuelve, volved.

Igualmente: cocer, conmover, desenvolver(se) (p. p., desenvuelto), devolver (p. p., devuelto), disolver (p. p., disuelto), doler, envolver (p. p., envuelto), llover, moler, morder, mover, oler, remover, resolver (p. p., resuelto), soler, torcer.

-ir (o>ue+o>u)

Dormir

Pres. ind.: duermo, duermes, duerme, dormimos, dormís, duermen.
Pres. subj.: duerma, duermas, duerma, durmamos, durmáis, duerman.
Imp. subj.: durmiera (durmiese), durmieras, durmiera, durmiéramos, durmierais, durmieran.
Imperat.: duerme, dormid.

Igualmente: morir.

-ir (e>i)

Pedir

Pres. ind.: pido, pides, pide, pedimos, pedís, piden.
Indef.: pedí, pediste, pidió, pedimos, pedisteis, pidieron.
Pres. subj.: pida, pidas, pida, pidamos, pidáis, pidan.
Imp. subj.: pidiera (pidiese), pidieras, pidiera, pidiéramos, pidierais, pidieran.
Imperat.: pide, pedid.

Igualmente: ceñir, competir, concebir, conseguir, corregir, derretir, despedir, elegir, freír, gemir, impedir, medir, perseguir, reír, rendir, reñir, repetir, seguir, servir, teñir, vestir(se).

Verbos de cambio ortográfico

g>j ante -a, -o

Coger, corregir, dirigir, encoger, escoger, exigir, proteger, recoger, surgir.

c>z ante -a, -o

Cocer, convencer, ejercer, torcer, vencer.

c>zc ante -a, -o

Conocer

Pres. ind.: conozco.
Pres. subj.: conozca, conozcas, conozca, conozcamos, conozcáis, conozcan.

Igualmente: agradecer, anochecer, aparecer, crecer, desaparecer, desobecer, endurecer, enloquecer, enriquecer, envejecer, establecer, fallecer, favorecer, florecer, merecer, nacer, obedecer, ofrecer, palidecer, parecer(se), pertenecer, reconocer.

c>cz ante -a, -o y -uj- en el indefinido

Conducir

Pres. ind.: conduzco, conduces, conduce, conducimos, conducís, conducen.
Indef.: conduje, condujiste, condujo, condujimos, condujisteis, condujeron.
Pres. subj.: conduzca, conduzcas, conduzca, conduzcamos, conduzcáis, conduzcan.

Igualmente: lucir, producir, reducir, reproducir, seducir, traducir.

-io>-yo; -ia>-ya; -ie>-ye

Huir

Pres. ind.: huyo, huyes, huye, huimos, huis, huyen.
Indef.: hui, huiste, huyó, huimos, huisteis, huyeron.
Pres. subj.: huya, huyas, huya, huyamos, huyáis, huyan.
Imp. sub.: huyera (huyese), huyeras, huyera, huyéramos, huyerais huyeran.
Imperat.: huye, huid.

Igualmente: argüir, atribuir, caer, concluir, construir, creer, destruir, diluir, disminuir, influir, inmiscuir, instruir, leer, sustituir.

236

c>qu ante -e

Sacar

Indef.: saqué, sacaste, sacó, sacamos, sacasteis, sacaron.
Pres. subj.: saque, saques, saque, saquemos, saquéis, saquen.

Igualmente: acercar, ahorcar, aparcar, aplicar, arrancar, atacar, brincar, buscar, certificar, colocar, complicar, comunicar, criticar, chocar, destacar, edificar, embarcar, enfocar, equivocar, explicar, fabricar, hincar, indicar, justificar, machacar, marcar, masticar, multiplicar, pecar, pellizcar, perjudicar, pescar, picar, practicar, predicar, provocar, publicar, rascar, refrescar, roncar, sacrificar, secar, significar, sofocar, suplicar, tocar, volcar.

g>u ante -e

Llegar

Indef.: llegué, llegaste, llegó, llegamos, llegasteis, llegaron.
Pres. subj.: llegue, llegues, llegue, lleguemos, lleguéis, lleguen.

Igualmente: abrigar, ahogar, alargar, apagar, arrugar, cargar colgar, comulgar, descargar, despegar, encargar, enjuagar, entregar, fatigarse, fregar, investigar, jugar, juzgar, ligar, madrugar, mendigar, navegar, negar, obligar, pagar, pegar, prolongar, regar, remangar, segar, tragar, vengar.

gu>g ante -a, -o

Conseguir, distinguir, perseguir, seguir.

z>c ante -e

Abrazar, adelgazar, alcanzar, almorzar, amenazar, aterrizar, autorizar, avanzar, bautizar, bostezar, cazar, comenzar, cruzar, descalzar, destrozar, disfrazar, economizar, empezar, enderezar, endulzar, garantizar, generalizar, gozar, lanzar, organizar, paralizar, rechazar, rezar, rizar, suavizar, tranquilizar, trazar, tropezar, utilizar.

Verbos de irregularidad propia

Andar

Indef.: anduve, anduviste, anduvo, anduvimos, anduvisteis, anduvieron.
Imp. subj.: anduviera (anduviese), anduvieras, anduviera, anduviéramos, anduvierais, anduvieran.

Caer

Pres. ind.: caigo, caes, cae, caemos, caéis, caen.
Indef.: caí, caíste, cayó, caímos, caísteis, cayeron.
Pres. subj.: caiga, caigas, caiga, caigamos, caigáis, caigan.
Imp. subj.: cayera (cayese), cayeras, cayera, cayéramos, cayerais, cayeran.

Igualmente: recaer.

Dar

Pres. ind.: doy, das, da, damos, dais, dan.
Indef.: di, diste, dio, dimos, disteis, dieron.
Imp. subj.: diera (diese), dieras, diera, diéramos, dierais, dieran.

Decir

Pres. ind.: digo, dices, dice, decimos, decís, dicen.
Indef.: dije, dijiste, dijo, dijimos, dijisteis, dijeron.
Fut.: diré, dirás, dirá, diremos, diréis, dirán.
Cond.: diría, dirías, diría, diríamos, diríais, dirían.
Pres. subj.: diga, digas, diga, digamos, digáis, digan.
Imp. subj.: dijera (dijese), dijeras, dijera, dijéramos, dijerais, dijeran.
Imperat.: di, decid.
P. p.: dicho.

Estar

Pres. ind.: estoy, estás, está, estamos, estáis, están.
Indef.: estuve, estuviste, estuvo, estuvimos, estuvisteis, estuvieron.
Imp. subj.: estuviera (estuviese), estuvieras, estuviera, estuviéramos, estuvierais, estuvieran.

Hacer

Pres. ind.: hago, haces, hace, hacemos, hacéis, hacen.
Indef.: hice, hiciste, hizo, hicimos, hicisteis, hicieron.
Fut.: haré, harás, hará, haremos, haréis, harán.
Cond.: haría, harías, haría, haríamos, haríais, harían.
Pres. subj.: haga, hagas, haga, hagamos, hagáis, hagan.
Imp. subj.: hiciera (hiciese), hicieras, hiciera, hiciéramos, hicierais, hicieran.
Imperat.: haz, haced.
P. p.: hecho.

Igualmente: deshacer, rehacer, satisfacer.

Ir

Pres. ind.: voy, vas, va, vamos, vais, van.
Imp. ind.: iba, ibas, iba, íbamos, ibais, iban.
Indef.: fui, fuiste, fue, fuimos, fuisteis, fueron.
Fut.: iré, irás, irá, iremos, iréis, irán.
Cond.: iría, irías, iría, iríamos, iríais, irían.
Pres. subj.: vaya, vayas, vaya, vayamos, vayáis, vayan.
Imp. subj.: fuera (fuese), fueras, fuera, fuéramos, fuerais, fueran.
Imperat.: ve, id.
P. p.: ido.
Ger.: yendo.

Oír

Pres. ind.: oigo, oyes, oye, oímos, oís, oyen.
Indef.: oí, oíste, oyó, oímos, oísteis, oyeron.
Pres. subj.: oiga, oigas, oiga, oigamos, oigáis, oigan.
Imp. subj.: oyera (oyese), oyeras, oyera, oyéramos, oyerais, oyeran.
Imperat.: oye, oíd.
Ger.: oyendo.

Oler

Se conjuga como *volver,* y lleva *h* en las formas que empiezan por *ue-: huelo, hueles, huele,* etc.

Poder

Pres. ind.: puedo, puedes, puede, podemos, podéis, pueden.
Indef.: pude, pudiste, pudo, pudimos, pudisteis, pudieron.
Fut.: podré, podrás, podrá, podremos, podréis, podrán.
Cond.: podría, podrías, podría, podríamos, podríais, podrían.
Pres. subj.: pueda, puedas, pueda, podamos, podáis, puedan.
Imp. subj.: pudiera (pudiese), pudieras, pudiera, pudiéramos, pudierais, pudieran.

Poner

Pres. ind.: pongo, pones, pone, ponemos, ponéis, ponen.
Indef.: puse, pusiste, puso, pusimos, pusisteis, pusieron.
Fut.: pondré, pondrás, pondrá, pondremos, pondréis, pondrán.
Cond.: pondría, pondrías, pondría, pondríamos, pondríais, pondrían.

Pres. subj.: ponga, pongas, ponga, pongamos, pongáis, pongan.
Imperat.: pon, poned.
P. p.: puesto.

Igualmente: componer, disponer, exponer, oponer, proponer, suponer.

Querer

Pres. ind.: quiero, quieres, quiere, queremos, queréis, quieren.
Indef.: quise, quisiste, quiso, quisimos, quisisteis, quisieron.
Fut.: querré, querrás, querrá, querremos, querréis, querrán.
Cond.: querría, querrías, querría, querríamos, querríais, querrían.
Pres. subj.: quiera, quieras, quiera, queramos, queráis, quieran.
Imp. subj.: quisiera (quisiese), quisieras, quisiera, quisiéramos, quisierais, quisieran.
Imperat.: quiere, quered.

Saber

Pres. ind.: sé, sabes, sabe, sabemos, sabéis, saben.
Indef.: supe, supiste, supo, supimos, supisteis, supieron.
Fut.: sabré, sabrás, sabrá, sabremos, sabréis, sabrán.
Cond.: sabría, sabrías, sabría, sabríamos, sabríais, sabrían.
Imp. subj.: supiera (supiese), supieras, supiera, supiéramos, supierais, supieran.

Salir

Pres. ind.: salgo, sales, sale, salimos, salís, salen.
Fut.: saldré, saldrás, saldrá, saldremos, saldréis, saldrán.
Con.: saldría, saldrías, saldría, saldríamos, sadríais, saldrían.
Pres. subj.: salga, salgas, salga, salgamos, salgáis, salgan.
Imperat.: sal, salid.

Traer

Pres. ind.: traigo, traes, trae, traemos, traéis, traen.
Imp. ind.: traía, traías, traía, traíamos, traíais, traían.
Indef.: traje, trajiste, trajo, trajimos, trajisteis, trajeron.
Fut.: traeré, traerás, traerá, traeremos, traeréis, traerán.
Cond.: traería, traerías, traería, traeríamos, traeríais, traerían.
Pres. subj.: traiga, traigas, traiga, traigamos, traigáis, traigan.
Imp. subj.: trajera (trajese), trajeras, trajera, trajéramos, trajerais, trajeran.

Imperat.: trae, traed.

Igualmente: atraer, distraer, extraer.

Valer

Pres. ind.: valgo, vales, vale, valemos, valéis, valen.
Fut.: valdré, valdrás, valdrá, valdremos, valdréis, valdrán.
Cond.: valdría, valdrías, valdría, valdríamos, valdríais, valdrían.
Pres. subj.: valga, valgas, valga, valgamos, valgáis, valgan.
Imperat.: vale, valed.

Venir

Pres. ind.: vengo, vienes, viene, venimos, venís, vienen.
Indef.: vine, viniste, vino, vinimos, vinisteis, vinieron.
Fut.: vendré, vendrás, vendrá, vendremos, vendréis, vendrán.
Cond.: vendría, vendrías, vendría, vendríamos, vendríais, vendrían.
Pres. subj.: venga, vengas, venga, vengamos, vengáis, vengan.
Imp. subj.: viniera (viniese), vinieras, viniera, viniéramos, vinierais, vinieran.
Imperat.: ven, venid.

Ver

Pres. ind.: veo, ves, ve, vemos, veis, ven.
Imp. ind.: veía, veíais, veía, veíamos, veíais, veían.
Indef.: vi, viste, vio, vimos, visteis, vieron.
Pres. subj.: vea, veas, vea, veamos, veáis, vean.
Imp. subj.: viera (viese), vieras, viera, viéramos, vierais, vieran.
P. p.: visto.

2

Verbos con participio regular e irregular

Infinitivo	Participio regular	Participio irregular
abstraer	abstraído	abstracto
atender	atendido	atento
bendecir	bendecido	bendito
concluir	concluido	concluso
confesar	confesado	confeso
confundir	confundido	confuso
convertir	convertido	converso
corregir	corregido	correcto
corromper	corrompido	corrupto
despertar	despertado	despierto
difundir	difundido	difuso
dividir	dividido	diviso
elegir	elegido	electo
excluir	excluido	excluso
eximir	eximido	exento
expresar	expresado	expreso
extender	extendido	extenso
extinguir	extinguido	extinto
fijar	fijado	fijo
freír	freído	frito
hartar	hartado	harto
incluir	incluido	incluso
invertir	invertido	inverso
juntar	juntado	junto
maldecir	maldecido	maldito

Infinitivo	Participio regular	Participio irregular
manifestar	manifestado	manifiesto
nacer	nacido	nato
poseer	poseído	poseso
prender	prendido	preso
presumir	presumido	presunto
proveer	proveído	provisto
recluir	recluido	recluso
salvar	salvado	salvo
soltar	soltado	suelto
sujetar	sujetado	sujeto
suspender	suspendido	suspenso
teñir	teñido	tinto

3 | Verbos con participio irregular

Los siguientes verbos no poseen participio regular:

Infinitivo	Participio irregular	Infinitivo	Participio irregular
abrir	abierto	indisponer	indispuesto
absolver	absuelto	interponer	interpuesto
componer	compuesto	morir	muerto
contradecir	contradicho	oponer	opuesto
contrahacer	contrahecho	poner	puesto
contraponer	contrapuesto	posponer	pospuesto
cubrir	cubierto	predecir	predicho
decir	dicho	presuponer	presupuesto
deponer	depuesto	prever	previsto
descomponer	descompuesto	proponer	propuesto
descubrir	descubierto	reponer	repuesto
desenvolver	desenvuelto	resolver	resuelto
deshacer	deshecho	rever	revisto
devolver	devuelto	revolver	revuelto
disolver	disuelto	romper	roto
disponer	dispuesto	satisfacer	satisfecho
envolver	envuelto	sobreponer	sobrepuesto
escribir	escrito	transponer	transpuesto
exponer	expuesto	ver	visto
hacer	hecho	volver	vuelto
imponer	impuesto		

4

Reglas
de ortografía

Acento ortográfico (')

Este signo se emplea para marcar el acento prosódico, lo cual se hace según las siguientes *reglas generales:*

a) Si la palabra se acentúa en la última sílaba *(aguda)*, y si esa sílaba termina en *vocal, -n* o *-s:*
   allí, limón, jamás

b) Si la palabra se acentúa en la penúltima sílaba *(llana* o *grave)* y ésta termina en consonante que no sea *-n* o *-s:*
   lápiz, hábil, azúcar

c) Si la palabra se acentúa en la antepenúltima sílaba *(esdrújula):*
   rápido, médico, hipócrita

Las palabras *monosílabas,* en general, no llevan acento ortográfico, pero algunas de ellas pueden llevarlo o no llevarlo, según la función. En la regla general entran palabras como:

fue, fui, vio, dio, soy, ves, me

Llevan o no llevan acento gráfico:

aún como adverbio de tiempo (=*todavía*):
   Aún *hay tiempo.*
aun como adverbio de cantidad (=*incluso*):
   Los compro a cien pesetas y ***aun*** *a ciento cincuenta.*

dé tercera persona del singular del presente de subjuntivo de *dar:*
   Quiero que te ***dé*** *las gracias.*
de, preposición:
   Carne ***de*** *ternera.*

245

él, pronombre personal:
> *Esto es para **él**.*

el, artículo:
> ***El** problema.*

más, adverbio de cantidad:
> ***Más** calor.*

mas, conjunción:
> *Es grueso, **mas** tiene agilidad.*

mí, pronombre personal:
> *A **mí** me gusta.*

mi, adjetivo posesivo:
> ***Mi** profesión.*

o [1]

sé, tercera persona del singular del presente de indicativo de *saber* o segunda persona del singular del imperativo de *ser:*
> *No **sé** cocinar.*
> ***Sé** paciente.*

se, pronombre reflexivo:
> *¿**Se** va usted ya?*

sí, afirmación o pronombre reflexivo:
> ***Sí**, es verdad.*
> *Se elogia a **sí** mismo.*

si, condicional:
> *Te espero **si** tardas poco.*

sólo [2]

té, nombre:
> ***Té** de la India.*

te, pronombre:
> *¿Qué **te** parece el regalo?*

---

[1] La conjunción disyuntiva *o* lleva acento entre números para no confundirla con el numeral cero: *8 ó 9 ≠ Pedro o Juan.*

[2] La palabra *solo* puede llevar acento gráfico cuando funciona como adverbio para distinguirla del adjetivo en aquellos casos que se presten a confusión:
*Había **sólo** un hombre. ≠ Había un hombre **solo**.*

> *tú,* pronombre personal:
>> *¿Sales **tú** al extranjero?*
>
> *tu,* adjetivo posesivo:
>> *¿Dónde está **tu** paraguas?*

Las siguientes palabras llevan acento ortográfico cuando son pronombres interrogativos (o exclamativos), y no lo llevan cuando son pronombres o adverbios relativos:

> *cuál:* *¿**Cuál** prefieres? / No sé **cuál** prefieres.*
> *cual:* *Conduce muy rápido, lo **cual** me asusta.*

> *cuánto:* *¿**Cuánto** vale? / No sé **cuánto** vale.*
> *cuanto:* *Dime todo **cuanto** sepas.*

> *qué:* *¿**Qué** quieres? / No dices **qué** quieres.*
> *que:* *La película **que** vimos.*

> *quién:* *¿**Quién** llama? / No sé **quién** es esa señorita.*
> *quien:* *Escucha a **quien** te habla.*

Los siguientes adverbios llevan acento cuando funcionan como interrogativos, no relativos.

> *cómo:* *¿**Cómo** está usted? / No sé **cómo** está.*
> *como* [1]: *Lo hice **como** me indicaste.*

> *cuándo:* *¿**Cuándo** te vas? / No sé **cuándo** te vas.*
> *cuando:* *Por la noche es **cuando** trabajo.*

> *dónde:* *¿**Dónde** viven? / No sé **dónde** viven.*
> *donde:* *El pueblo **donde** nací.*

Los demostrativos llevan acento ortográfico si tienen función de pronombres; no lo llevan cuando tienen función de adjetivos. Los pronombres demostrativos pueden ir sin acento cuando no hay riesgo de ambigüedad:

> *éste:* ***Éste** me gusta.*
> *este:* ***Este** ruido me molesta.*

---

[1] Tampoco lleva acento cuando funciona como conjunción causal o condicional:
Como llueve me quedaré en casa. (causal)
¡Como llueva me quedo en casa! (condicional)

$\begin{cases} ésa: \\ esa: \end{cases}$ *Ésa es muy cara.*
Lee esa carta.

$\begin{cases} aquél: \\ aquel: \end{cases}$ **Aquél** *tuvo más suerte.*
Aquel *suceso me impresionó.*

En el encuentro de vocales *a/e/o+i/u,* las primeras pueden marcarse con el acento ortográfico si en la palabra se cumplen las *reglas generales:*

pasáis (palabra acentuada en la última sílaba y terminada en *s*).
peine (palabra acentuada en la penúltima sílaba y acabada en vocal).
diáspora (palabra acentuada en la antepenúltima sílaba).

Cuando en el encuentro anteriormente citado el acento prosódico recae sobre *i/u,* éste se marca aunque no se cumplan las *reglas generales:*

maíz (palabra acentuada en la última sílaba y terminada en consonante distinta a *n* o *s*).
mío (palabra acentuada en la penúltima sílaba y acabada en vocal).

El grupo *ui* sigue las *reglas generales* del acento:

fluido
intuí
lingüística

Palabras compuestas.—El acento no se marca en el primer elemento: *asimismo, decimoséptimo.*
Si los dos elementos de la palabra compuesta van separados por un guión, cada uno conserva su acento: *teórico-práctico, económico-político.*
En los adverbios en *-mente,* el primer elemento conserva su acento ortográfico si lo tiene: *débilmente, ávidamente.*
La forma verbal con pronombre enclítico conserva su acento ortográfico: *envíamelo, fríetelo.*
Las letras mayúsculas se acentúan igual que las minúsculas: *Ángel, Él tiene prisa* (aunque en la práctica editorial no es frecuente hacerlo).
No llevan acento ortográfico las palabras terminadas en *-ay, -ey, -oy, -uy: caray, virrey, estoy.*

EJERCICIOS

CURSO INTENSIVO DE ESPAÑOL

Niveles de iniciación y elemental: 164, 208.

Niveles elemental e intermedio: 11, 104, 178, 218, 286, 346.

Niveles intermedio y superior: 24, 45.

5

Otros signos ortográficos

En este apartado figuran la *coma* (,), las *comillas* (« »), la *diéresis* (¨), la *interrogación* (¿?), la *admiración* (¡!), el *punto* (.), el *punto y coma* (;), los *dos puntos* (:), los *puntos suspensivos* (...), el *paréntesis* [( )], los *corchetes* [ ] y la *raya* (—).

En líneas generales, el uso de estos signos en español coincide con el de otras lenguas occidentales. No obstante, algunos de ellos presentan particularidades.

La *coma* no se escribe cuando las conjunciones *o/ni/y* separan palabras de la misma clase: *lunes, martes* y *miércoles.*

Las *comillas* sirven para marcar citas. Me dijo: «Voy a darme un descanso». También se emplean las comillas para hacer notar un nombre propio o un sobrenombre: el restaurante «la Cuchara», Fernando «el Católico».

La *diéresis* indica cuándo ha de pronunciarse la *u* en las sílabas *gue, gui: antigüedad, pingüino.*

La *interrogación* y la *admiración* constituyen cada una un doble signo: uno se coloca al principio y otro al final de la frase interrogativa o admirativa: *¿Qué dices?; ¡Qué mal!*

Si la interrogación o admiración no están al comienzo de la frase, empiezan con minúscula: *Pero ¿qué pasa aquí?; Oye, ¡cómo nos divertimos!*

Debe también tenerse en cuenta que después del segundo signo de interrogación o admiración no se escribe punto: *¿Trabajaron mucho? No lo creo. ¡Qué hombre tan antipático! Ni siquiera me saludó.*

El *punto* puede ser *punto y seguido,* que sirve para separar frases, y *punto final* o *punto y aparte,* que separa párrafos.

En la representación de cifras, el punto se coloca detrás de los millares y de los millones: *2.350.800 (dos millones trescientos cincuenta mil ochocientos).*

No se pone el punto en los números de teléfonos ni en los años: *nació en 1954; llame al teléfono 7253988.*

250

El punto se pone en las abreviaturas: *O. = Oeste, Sra. = señora, P.D. = posdata.*

El *punto y coma* se emplea normalmente para indicar una pausa más larga que la coma, pero menos que el punto: *Me presentó a su esposa, a su cuñada y a su suegro; luego hablamos durante un buen rato solos.*

Los *dos puntos* constituyen una pausa, pero también indican que el sentido de lo anterior se completa con lo que sigue.

Es corriente el uso de los dos puntos ante enumeraciones: *Conocimos gente de todas las nacionalidades: turcos, chinos, belgas,* etc.

Los dos puntos introducen palabras citadas: *Mi abuelo me aconsejaba: «No hagas nada de prisa».*

En estos dos últimos casos se escribe mayúscula después de los dos puntos, y minúscula en todos los demás. No obstante, es correcto usar indistintamente mayúscula o minúscula en cualquier caso.

Este signo se emplea siempre tras la fórmula de tratamiento que encabeza las cartas: *Mi estimado amigo:/Muy señor mío:*

Los *puntos suspensivos* constituyen una pausa de carácter insinuativo: *Sara asegura que aún no ha cumplido los treinta...*

Los puntos suspensivos se colocan también cuando se suprime una parte de un texto citado: *«Nací el 1 de mayo de 1852 en Petilla de Aragón [...] insignificante aldea [...]. Es corriente colocar este signo entre corchetes en tal caso.*

El *paréntesis* se utiliza para intercalar observaciones aclaratorias: *Mi primera etapa fue Jaca; la segunda, Verdún y Tiermas (villa ribereña del Aragón, célebre por sus aguas termales), y la tercera y última, Petilla. El paréntesis puede sustituirse por la raya.*

Los *corchetes* se usan para aclarar algo dentro de una cita: *«O este rey [Enrique IV] se enmendará o Dios traerá otro que sea bueno.»* También sirven para intercalar una aclaración en un paréntesis: *Nuestro regimiento necesitaba urgentemente un descanso (habíamos luchado en Francia, Alemania y Rusia [Stalingrado]), pero no había tropas para sustituirnos.*

La *raya* puede usarse en vez del paréntesis: *Entré en el café —faltaba aún media hora para la cita— y me puse a leer el periódico.*

El uso más importante de la raya, sin embargo, es en el diálogo, y sirve para indicar el comienzo de toda intervención hablada:

—¿*A dónde quieres ir tú? —le preguntó Julio.*
—*A cualquier lado. No tengo nada que hacer.*

Obsérvese que la segunda raya de la primera intervención del diálogo anterior sirve para separar las palabras habladas de lo que aclara el autor.

6

División
de palabras

Para partir una palabra al final de un renglón deben observarse las siguientes normas, según corresponda:

a) Toda consonante entre dos vocales se agrupa con la segunda: *pe-ro, tí-mi-do, do-mi-nó.*

b) Cuando hay dos consonantes juntas entre dos vocales, la primera se agrupa con la vocal anterior, y la segunda con la posterior; *des-pe-re-zar-se, in-mor-tal.*

c) No obstante lo dicho en el apartado anterior, los grupos consonánticos cuyo segundo elemento sea *l* o *r*, no se parten: *re-frán, in-cluir, in-glés,* etcétera.

d) Cuando hay tres consonantes juntas entre dos vocales, las dos primeras se agrupan con la vocal anterior, y la tercera con la posterior: *ins-tan-cia, trans-fe-rir, subs-tan-cia.*

e) No obstante lo dicho en el apartado anterior, cuando la tercera consonante es *l* o *r*, ésta forma grupo con la segunda: *dies-tro, dis-fraz, des-cré-di-to, ins-truc-ción, en-sam-blar, es-plén-di-do.*

f) No se separan *ch, ll* y *rr: te-cho, si-lla, pe-rro.*

g) No se separan los grupos de dos vocales: *cui-do, al-dea, san-día.*

h) No se separa una vocal sola: *ami-go* (correcto), *a-mi-go* (incorrecto).

i) Cuando una palabra compuesta está formada por elementos que pueden funcionar automáticamente, el guión puede colocarse entre los dos elementos o bien situarse según las normas anteriores. Todo esto vale también cuando el primer elemento es un prefijo: *anglo-americano, ciclo-*

motor, coche-cama, pos-guerra. Según las normas generales, las palabras anteriores admitían también separaciones del tipo: *an-glo-ame-ri-ca-no, ci-clo-mo-tor, co-che-ca-ma, pos-gue-rra.*

j) Respecto a los nombres extranjeros, lo correcto es seguir la separación acostumbrada en la lengua correspondiente.

EJERCICIOS

CURSO INTENSIVO DE ESPAÑOL

Niveles de iniciación y elemental: 389, 396.

Niveles elemental e intermedio: 5, 145.

Niveles intermedio y superior: 46.

7 | Mayúsculas

Se escriben con mayúscula:

a) La primera palabra de un escrito.

b) Después de un punto.

c) Después de interrogación o exclamación si no hay coma interpuesta: *¿Tienes prisa? Yo, no. —¡Bravo! Eso está muy bien.*

d) Después de dos puntos en los encabezamientos de las cartas: *Muy Sr. mío: Gracias por su amable carta.*

e) Después de dos puntos en las citas textuales: *La norma dice: Delante de p y b se escribe siempre m, no n.*

f) Después de dos puntos en general, aunque es corriente también el uso de la minúscula.

g) Los nombres propios y sus sobrenombres: *Bogotá, Velázquez, Felipe el Hermoso, los Países Bajos.*

h) Normalmente, el artículo que acompaña a ciertos nombres de ciudad: *La Coruña, La Paz, El Callao, El Escorial.*

i) Los títulos de dignidad o autoridad, instituciones, corporaciones y cargos: *el Jefe del Gobierno, Su Majestad, el Príncipe de Asturias, la Escuela Oficial de Idiomas, el Museo del Prado, el Ministro de Cultura.*

j) La primera palabra del título de una obra o pieza literaria o artística: *El camino, Calle Mayor, Las hilanderas.*

k) La palabra *usted* cuando se usa en abreviatura, *Vd.,* y también otras abreviaturas de tratamientos: *Sr. D. (señor don), V. E. (vuestra Excelencia).*

l) Las palabras que sirven para designar a Dios o a la Virgen María: *el Salvador, el Creador, la Inmaculada, Él, Ella.*

m) Los nombres de los meses se escriben con mayúscula o con minúscula.

254

8

El alfabeto

El alfabeto o abecedario español consta de las siguientes letras, cuyos nombres damos en transcripción fonética:

A	B	C	CH	D
a	be	θe	ĉe	de

E	F	G	H	I
e	éfe	xe	áĉe	i

J	K	L	LL	M
xóta	ka	éle	éλe	éme

N	Ñ	O	P	Q
éne	éɲe	o	pe	ku

R	RR	S	T	U
ére	ére	ése	te	u

V	W	X	Y	Z
úβe	úβe dóβle	'ekis	iɣriéɣa	θéta

EJERCICIOS
CURSO INTENSIVO DE ESPAÑOL

Niveles de iniciación y elemental: 380, 389.

Niveles elemental e intermedio: 5, 145.

Niveles intermedio y superior: 46.

9

Abreviaturas y siglas

a. *Área.*
(a) *Alias.*
A. *Alteza.*
AB *Albacete.*
a.C. *Antes de Cristo.*
A.C. *Año de Cristo.*
A.D. *Anno Domini,* año del Señor.
a. de J. C. *Antes de Jesucristo.*
afmo., **affmo.; afma., affma.** *Afectísimo, -ma.*
a. J. C. *Antes de Jesucristo.*
AL *Almería.*
a. m. *Ante meridiem,* antes del mediodía. (Se usa después de los números que indican horas: *las 10 a. m.* = las 10 de la mañana. El uso de esta abreviatura es frecuente en América, pero no en España.)
art. *Artículo.*
arz. *Arzobispo.*
atto., atta. *Atento, atenta.*
AV *Ávila.*

B *Barcelona.*
BA *Badajoz.*
Barna. *Barcelona.*
BI *Bilbao*
B.L.M., b.l.m. *Besa la mano.*

B.O.E. *Boletín Oficial del Estado.*
BU *Burgos.*

c/ *Cuenta.*
C *Celsius* (grados centígrados).—*Cien* (cifra romana).—*Coruña* (automóviles).
CA *Cádiz.*
cap. *Capítulo.*
c/c. *Cuenta corriente.*
CC *Cáceres.*
C.C.C. *Consejo de Cooperación Cultural* (del Consejo de Europa).
C.C.O.O. *Comisiones Obreras* (sindicato).
C.D. *Cuerpo Diplomático.—Club Deportivo.*
C.D.S. *Centro Democrático y Social* (p. político).
CE *Ceuta.*
C.E.E. *Comunidad Económica Europea.*
C.F. *Club de Fútbol.*
Cía. *Compañía.*
cm. *Centímetro(s).*
C.N.T. *Confederación Nacional del Trabajo.*
CO *Córdoba.*
Co. *Company,* compañía.

CR *Ciudad Real.*
CS *Castellón.*
C.S.I.C. *Consejo Superior de Investigaciones Científicas.*
cta. *Cuenta.*
cte. *Corriente.*
cts. *Céntimos.*
CU *Cuenca.*
CV. *Caballos de vapor.*

D *Quinientos* (cifra romana).
D. *Don.*
D.ª *Doña.*
dcha. *Derecha.*
dic., dicbre. *Diciembre.*
dm. *Decímetro(s).*
D.m. *Dios mediante.*
DNI *Documento nacional de identidad.*
doc. *Docena.—Documento.*
Dr. *Doctor.*
dto. *Descuento.*
d/v *Días vista.*

E. *Este* (punto cardinal).
ed. *Edición, editor, editorial.*
EE. UU. *Estados Unidos.*
E.M. *Estado Mayor.*
etc. *Etcétera.*
Excmo., Excma. *Excelentísimo, -ma.*

F *Faradio.—Fahrenheit* (grado).
f.c. *Ferrocarril.*
F.C. *Ferrocarril.—Fútbol Club.*
Fdez. *Fernández.*
feb., febr. *Febrero.*
F.I.B.A. *Federación Internacional de Baloncesto Amateur.—Federación Internacional de Boxeo Amateur.*
F.I.F.A. *Federación Internacional de Fútbol Asociación.*

F.P. *Formación Profesional.*
Fr. *Fray.*

g. *Gramo(s).*
G.ª *García.*
GC *Gran Canaria.*
GE *Gerona.*
g/p., g.p. *Giro postal.*
GR *Granada.*
gr., grs. *Gramo(s).*
gral. *General.*
GU *Guadalajara.*

h. *Hora(s).*
H *Huelva.*
Ha. *Hectárea(s).*
HP. *Horse power,* caballos de vapor.
HU *Huesca.*

I *Uno* (cifra romana).
Ib., Ibíd. *Ibídem,* en el mismo lugar (hablando de libros).
I.e. *Id est,* esto es.
Ilmo., Ilma. *Ilustrísimo, -ma.*
I.N.I. *Instituto Nacional de Industria.*
I.N.L.E. *Instituto Nacional del Libro Español.*
I.N.R.I. *Iesus Nazarenus Rex Iudaeorum,* Jesús Nazareno Rey de los Judíos.
I.U. *Izquierda Unida.*

J *Jaén.*
J.C. *Jesucristo.*
Jr. *Junior,* el más joven. (Se añade en algunos países al apellido del hijo para distinguirlo del padre.)

Kg., kg. *Kilogramo(s).*
Km., km. *Kilómetro(s).*

Km/h., km./h., km.p.h. *Kilómetros por hora.*

k.o. *Knock-out,* fuera de combate.

Kw., kw. *Kilovatio(s).*

kw/h., Kwh., kwh. *Kilovatio(s)-hora.*

l. *Litro(s).—Libro.*

L *Cincuenta* (cifra romana).*—Lérida* (automóv.).

Ldo., Lda. *Licenciado, -da.*

LE *León.*

LO *Logroño.*

Ltda. *Limitada.*

LU *Lugo.*

m. *Metro(s).—Minuto(s).*

M *Madrid.*

M. *Madre.*

M.ª *María.*

MA *Málaga.*

Mc. *Megaciclo(s).*

M.C. *Mercado Común.*

M.C.E. *Mercado Común Europeo.*

ML *Melilla.*

mm., m/m. *Milímetro(s).*

MM. *Madres.*

M.O.P.U. *Ministerio de Obras públicas.*

m.p.h. *Millas por hora.*

MS., ms. *Manuscrito.*

MU *Murcia.*

N. *Norte.*

NA *Navarra.*

N.ª S.ª *Nuestra Señora.*

NE. *Nordeste.*

n.º *Número.*

NO. *Noroeste.*

núm. *Número.*

NW. *Noroeste.*

o/ *Orden.*

O *Oviedo.*

O. *Oeste.*

O.C.D.E. *Organización para Cooperación y Desarrollo Económico.*

O.E.A. *Organización de Estados Americanos.*

O.I.T. *Oficina Internacional del Trabajo.*

O.M. *Orden Ministerial.*

O.M.S. *Organización Mundial de la Salud.*

O.N.C.E. *Organización Nacional de Ciegos de España.*

O.N.U. *Organización de las Naciones Unidas.*

OR *Orense.*

O.T.A.N. *Organización del Tratado del Atlántico Norte.*

p. *Página.*

P *Palencia.*

P. *Padre.*

p.a., P.A. *Por autorización. Por ausencia.*

pág. *Página.*

P.C. *Partido Comunista.*

p/cta. *Por cuenta.*

P.D. *Posdata.*

p. ej. *Por ejemplo.*

p.m. *Post meridiem,* después del mediodía.

PM *Palma de Mallorca.*

P.M.M. *Parque Móvil de Ministerios.*

p/o., p.o., P.O. *Por orden.*

PO *Pontevedra.*

PP. *Padres.—Partido Popular.*

P.P., p.p. *Por poder.*

prof. *Profesor.*

prov. *Provincia.—Provisional.*

P.S. *Post scriptum,* posdata.

PSOE *Partido Socialista Obrero Español.*

pta., ptas. *Peseta(s).*

pts. *Pesetas.*

P.V.P. *Precio de venta al público.*

q.b.s.m. *Que besa su mano.*

q.D.g., Q.D.G. *Que Dios guarde.*

q.e.p.d. *Que en paz descanse.*

q.e.s.m. *Que estrecha su mano.*

R. *Reverendo.*

R.A.C.E. *Real Automóvil Club de España.*

R.A.E. *Real Academia Española.*

R.D. *Real Decreto.*

Rdo. *Reverendo.*

R.E.N.F.E. *Red Nacional de los Ferrocarriles Españoles.*

R.I.P. *Requiescat in pace,* descanse en paz.

R.O. *Real Orden.*

r.p.m. *Revoluciones por minuto.*

Rte. *Remitente.*

s/ *Su, sus.*

s. *Siguiente.*

S *Santander.*

S. *San.—Sur.*

$ *Dólares.—Pesos.—Escudos.*

SA *Salamanca.*

s.a. *Sin año* (en libros).

S.A. *Sociedad Anónima.—Su Alteza.*

S.A.R. *Su Alteza Real.*

s/c. *Su casa.—Su cuenta.—Su cargo.*

Sdad. *Sociedad.*

SE *Sevilla.*

SE. *Sudeste.*

S.E. *Su excelencia.*

S.E.R. *Sociedad Española de Radiodifusión.*

SG *Segovia.*

sig. *Siguiente.*

S.L. *Sociedad Limitada.*

S.M. *Su Majestad.*

Smo. *Santísimo.*

s/n. *Sin número.*

SO *Soria.*

SO. *Sudoeste.*

S.O.S. *Save our souls* (petición de auxilio).

S.P. *Servicio Público.*

Sr. *Señor.*

Sra. *Señora.*

Sres., Srs. *Señores.*

Srta. *Señorita.*

S.R.M. *Su Real Majestad.*

s.s. *Seguro servidor.*

SS *San Sebastián.*

S.S. *Su Santidad.—Su Señoría.*

ss., sigs. *Siguientes.*

s.s.s. *Su seguro servidor.*

Sto., Sta. *Santo, santa.*

SW. *Sudoeste.*

t. *Tomo.*

T *Tarragona.*

T. *Tara.*

TE *Teruel.*

tel., teléf. *Teléfono.*

TF *Tenerife.*

Tm. *Tonelada métrica.*

TO *Toledo.*

tons. *Toneladas.*

TV. *Televisión.*

TVE. *Televisión Española.*

Ud., Uds. *Usted, ustedes.*

U.E.F.A. *Unión Europea de Fútbol Asociación.*

U.G.T. *Unión General de Trabajadores.*

U.N.E.S.C.O. *United Nations Educatio-*

nal, Scientific and Cultural Organization, Organización de las Naciones Unidas para la Educación, la Ciencia y la Cultura.

U.N.I.C.E.F. *Fondo Internacional de las Naciones Unidas de Socorro a la Infancia.*

U.R.S.S. *Unión de Repúblicas Socialistas Soviéticas.*

v. *Véase.*
V *Valencia.*
V. *Usted.—Voltio.—Véase.*
VA *Valladolid.*
Vd., Vds. *Usted, ustedes.*
Vda. *Viuda.*
v.gr., v.g. *Verbigracia.*

VI *Vitoria.*
V.I. *Vuestra Señoría (Usía) Ilustrísima.*
vid. *Vide,* véase.
V.M. *Vuestra Majestad.*
V.º B.º *Visto Bueno.*
vol. *Volumen.*
V.S. *Vuestra Señoría (Usía).*

W. *Oeste.*
W.C. *Water closet,* retrete.

X *Diez* (cifra romana).
Xto. *Cristo.*

Z *Zaragoza.*
ZA *Zamora.*

10

Índice alfabético de conceptos

CURSO INTENSIVO DE ESPAÑOL

Gramática (Fernández, Fente, Siles). Madrid, 1990. (Nueva edición) 272 páginas.

EJERCICIOS PRÁCTICOS

Niveles de **iniciación** y elemental (Fernández, Fente, Siles). Madrid, 1990. (Edición renovada) 264 páginas.

Clave y guía didáctica.

Niveles elemental e **intermedio** (Fernández, Fente, Siles). Madrid, 1990. (Edición renovada) 256 páginas.

Clave y guía didáctica.

Niveles intermedio y **superior** (Fernández, Fente, Siles). Madrid, 1990. (Edición renovada) 288 páginas.

Clave y guía didáctica.